쓰기가
문해력이다

1단계

초등 1 ~ 2학년 권장

자신의 생각을 글로 표현하지 못하는 우리 아이?
평생을 살아가는 힘, '문해력'을 키워 주세요!

'쓰기가 문해력이다'
쓰기 학습으로 문해력 키우기

**읽고 말한 내용을 글로 표현하는
쓰기 학습이 가능합니다.**

단순히 많은 글을 읽고 문제를 푸는 것만으로는 쓰기 능력이 늘지 않습니다.
머릿속에 있는 어휘 능력, 독해 능력을 활용하여 내 생각을 글로 표현할 수 있도록
'생각 모으기 → 생각 정리하기 → 글로 써 보기'로 구성하였습니다.

**대상 학년에 맞게 수준에 맞춰
단계별로 구성하였습니다.**

학년별 수준에 따라 체계적인 글쓰기 학습이 가능하도록 저학년 대상 낱말 쓰기 단계부터 고학년 대상 한 편의 글쓰기 단계까지
수준별 글쓰기에 맞춰 '낱말 → 어구 → 문장 → 문단 → 글'의 단계별로 구성하였습니다.

**단계별 5회×4주 학습으로 부담 없이
다양한 글쓰기 훈련이 가능합니다.**

1주 5회의 학습 분량으로 글쓰기에 대한 부담 없이 학습할 수 있도록 커리큘럼을 세분화해서 회별 집중 글쓰기
학습이 되도록 구성하였습니다.
글 쓰는 방법을 자연스럽게 익힐 수 있도록 '어떻게 쓸까요'에서 따라 쓰면서 배운 내용을 '이렇게 써 봐요'에서
직접 써 보면서 글쓰기 방법을 익히도록 구성하였습니다.

**글의 종류에 따른 구성 요소를 한눈에 알아보도록 디자인화해서
체계적인 글쓰기 학습이 가능합니다.**

글의 종류에 따라 글의 구조에 맞게 디자인 구성을 달리하여 시각적으로도 글의 구성을 한눈에 파악할 수 있도록
하여 글쓰기를 쉽고 재미있게 학습하도록 구성하였습니다.

**상황에 맞는 어휘 활용으로
글쓰기 능력을 향상시킬 수 있습니다.**

글쓰기에 필요한 기본 어휘 활용 능력을 향상시킬 수 있도록 부록 구성을 하였습니다.
단계별로 낱말카드, 반대말, 틀리기 쉬운 말, 순우리말, 동음이의어, 속담. 관용표현, 사자성어 등을 상황 설명과
함께 삽화로 구성하여 글쓰기 능력의 깊이와 넓이를 동시에 키워 줍니다.

EBS 〈당신의 문해력〉 교재 시리즈는 약속합니다.

교과서를 잘 읽고 더 나아가 많은 책과 온갖 글을 읽는 능력을 갖출 수 있도록
문해력을 이루는 핵심 분야별, 학습 단계별 교재를 준비하였습니다.
한 권 5회×4주 학습으로 아이의 공부하는 힘, 평생을 살아가는 힘을 EBS와 함께 키울 수 있습니다.

어휘가 문해력이다

어휘 실력이 교과서를 읽고 이해할 수 있는지를 결정하는 척도입니다.
〈어휘가 문해력이다〉는 교과서 진도를 나가기 전에 꼭 예습해야 하는 교재입니다.
20일이면 한 학기 교과서 필수 어휘를 완성할 수 있습니다.
교과서 수록 필수 어휘들을 교과서 진도에 맞춰
날짜별, 과목별로 공부하세요.

쓰기가 문해력이다

쓰기는 자기 생각을 표현하는 미래 역량입니다.
서술형, 논술형 평가의 비중은 점점 커지고 있습니다.
객관식과 단답형만으로는 아이들의 생각과 미래를 살펴볼 수 없기 때문입니다.
막막한 쓰기 공부. 이제 단어와 문장부터 하나씩 써 보며 차근차근 학습하는
〈쓰기가 문해력이다〉와 함께 쓰기 지구력을 키워 보세요.

ERI 독해가 문해력이다

독해를 잘하려면 체계적이고 객관적인 단계별 공부가 필수입니다.
기계적으로 읽고 문제만 푸는 독해 학습은 체격만 키우고 체력은 미달인 아이를 만듭니다.
〈ERI 독해가 문해력이다〉는 특허받은 독해 지수 산출 프로그램을 적용하여 글의 난이도를
체계화하였습니다.
단어 · 문장 · 배경지식 수준에 따라 설계된 단계별 독해 학습을 시작하세요.

배경지식이 문해력이다

배경지식은 문해력의 중요한 뿌리입니다.
하루 두 장, 교과서의 핵심 개념을 글과 재미있는 삽화로 익히고 한눈에 정리할 수 있습니다.
시간이 부족하여 다양한 책을 읽지 못하더라도 교과서의 중요 지식만큼은 놓치지 않도록
〈배경지식이 문해력이다〉로 학습하세요.

디지털독해가 문해력이다

디지털독해력은 다양한 디지털 매체 속 정보를 읽어 내는 힘입니다.
아이들이 접하는 디지털 매체는 매일 수많은 정보를 만들어 내기 때문에
디지털 매체의 정보를 판단하는 문해력은 현대 사회의 필수 능력입니다.
〈디지털독해가 문해력이다〉로 교과서 내용을 중심으로 디지털 매체 속 정보를 확인하고
다양한 과제를 해결해 보세요.

쓰기가 문해력이다로
자신 있게 내 생각을 표현하도록 쓰기 능력을 키워 주세요!

〈쓰기가 문해력이다〉는 글쓰기 능력을 향상시킬 수 있는 단계별 글쓰기 교재로, 학습자들에게 글쓰기가 어렵지 않다는 인식이 생기도록 체계적으로 글쓰기 학습을 유도합니다.

"맞춤법에 맞는 낱말 쓰기 연습이 필요해요."
"쉽고 재미있게 써 보는 교재가 좋아요."
"완성된 문장을 쓸 수 있는 비법을 알았으면 좋겠어요."
"생각을 표현하는 데 도움이 되는 글쓰기 교재가 필요해요."
"한 편의 완성된 글쓰기를 체계적으로 쓸 수 있는 교재면 좋겠어요."
"글의 종류에 따른 특징을 알고 쓰는 방법을 익힐 수 있는 교재가 필요해요."

P단계

1주차	자음자와 모음자가 만나 만든 글자
2주차	받침이 없거나 쉬운 받침이 있는 낱말
3주차	받침이 있는 낱말과 두 낱말을 합하여 만든 낱말
4주차	주제별 관련 낱말

1단계

1주차	내가 자주 사용하는 낱말 1
2주차	내가 자주 사용하는 낱말 2
3주차	헷갈리는 낱말과 꾸며 주는 낱말
4주차	바르게 써야 하는 낱말

2단계

1주차	간단한 문장
2주차	자세히 꾸며 쓴 문장
3주차	소개하는 글과 그림일기
4주차	다양한 종류의 쪽지글

3단계

1주차	다양하게 표현한 문장
2주차	사실과 생각을 표현한 문장
3주차	다양한 종류의 편지글
4주차	다양한 형식의 독서 카드

P~1 단계
기초 어휘력 다지기 단계
낱말 중심의
글씨 쓰기 도전

2~3 단계
문장력, 문단 구성력 학습 단계
문장에서 문단으로
글쓰기 실전 도전

4~7 단계
글쓰기 능력 향상 단계
글의 구조에 맞춰
글쓰기 도전

4 단계
- 1주차 생활문
- 2주차 독서 감상문
- 3주차 설명문
- 4주차 생활 속 다양한 종류의 글

5 단계
- 1주차 다양한 종류의 글 1
- 2주차 다양한 종류의 글 2
- 3주차 의견을 나타내는 글
- 4주차 형식을 바꾸어 쓴 글

6 단계
- 1주차 대상에 알맞은 방법으로 쓴 설명문
- 2주차 다양한 형식의 문학적인 글
- 3주차 매체를 활용한 글
- 4주차 주장이 담긴 글

7 단계
- 1주차 논설문
- 2주차 발표문
- 3주차 다양한 형식의 자서전
- 4주차 다양한 형식의 독후감

이책의 구성과 특징

무엇을 쓸까요

주차별 학습 내용을 한눈에 볼 수 있도록 학습 내용을 알아보기 쉽게 그림과 함께 꾸몄습니다.

1주 동안 배울 내용을 삽화와 글로 표현하여 학습 내용에 대해 미리 엿볼 수 있도록 하였습니다.

어떻게 쓸까요

생활 속 다양한 종류의 낱말을 알려 주는 단계로, 상황에 따라 맞춤법에 맞게 낱말을 활용하는 방법을 자연스럽게 익혀 보는 코너입니다.

이렇게 써 봐요

'어떻게 쓸까요'에서 배운 낱말 쓰기 단계에 맞춰 상황에 맞춰 본격적으로 알맞은 낱말을 활용해 써 보기를 하는 단계입니다.

'어떻게 쓸까요'에서 배운 과정과 유사한 디자인으로 구성하여 부담 없이 낱말과 구절을 완성해 볼 수 있도록 하였습니다.

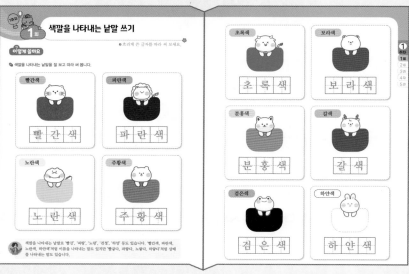

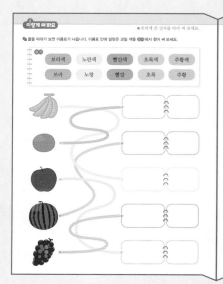

아하~ 알았어요

1주 동안 배운 내용을 문제 형식으로 풀어 보도록 구성한 **확인 학습 코너**입니다. 내용에 맞는 다양한 형식으로 제시하여 부담 없이 문제를 풀어 보도록 구성하였습니다.

참 잘했어요

1주 동안 배운 내용과 연계해서 **놀이 형식**으로 꾸민 코너입니다. **창의. 융합 교육을 활용**한 놀이마당 형식으로, 그림을 활용하고 퀴즈 등 다양한 형식으로 구성하여 재미있고 즐거운 마무리 학습이 되도록 하였습니다.

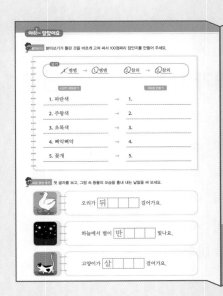

더 알아 두면
좋은 내용이라서 글쓰기에
도움을 주는구나!

혼자서도 자신 있게
한 편의 글을 완성할 수 있다는
것을 알게 해 주네!

부록

각 단계별로 본 책과 연계하여 **더 알아 두면 유익한 내용**을 삽화와 함께 구성하였습니다.

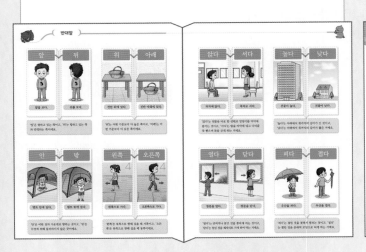

정답과 해설

'이렇게 써 봐요' 단계의 예시 답안을 실어 주어 '어떻게 쓸까요'와 함께 다시 한번 완성된 글들을 읽어 봄으로써 **반복 학습 효과**가 나도록 하였습니다.

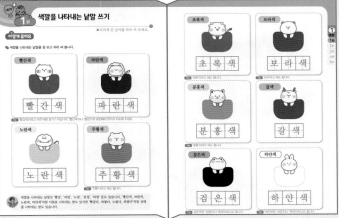

이 책의 차례

3주차

헷갈리는 낱말과 꾸며 주는 낱말

4주차

바르게 써야 하는 낱말

1주차 내가 자주 사용하는 낱말 1

무엇을 쓸까요

아이들이 신나게 **비눗방울 놀이**를 하고 있어요. 알록달록 물방울이 무지갯빛 색깔로 여기저기 날아다녀요! '빨주노초파남보' 무지개의 색깔도 하나하나 이름이 있어요.

이름을 나타내는 낱말, 흉내 내는 낱말 등 우리가 자주 사용하는 낱말들을 알아볼까요?

1회 색깔을 나타내는 낱말 쓰기

🌸 흐리게 쓴 글자를 따라 써 보세요.

어떻게 쓸까요

💬 색깔을 나타내는 낱말을 잘 보고 따라 써 봅니다.

빨간색

빨	간	색

파란색

파	란	색

노란색

노	란	색

주황색

주	황	색

색깔을 나타내는 낱말로 '빨강', '파랑', '노랑', '검정', '하양' 등도 있습니다. '빨간색, 파란색, 노란색, 하얀색'처럼 이름을 나타내는 말도 있지만 '빨갛다, 파랗다, 노랗다, 하얗다'처럼 상태를 나타내는 말도 있습니다.

초록색

초	록	색

보라색

보	라	색

분홍색

분	홍	색

갈색

갈	색

검은색

검	은	색

하얀색

하	얀	색

♣ 흐리게 쓴 글자를 따라 써 보세요.

🏷️ 줄을 따라가 보면 이름표가 나옵니다. 이름표 안에 알맞은 과일 색을 보기 에서 찾아 써 보세요.

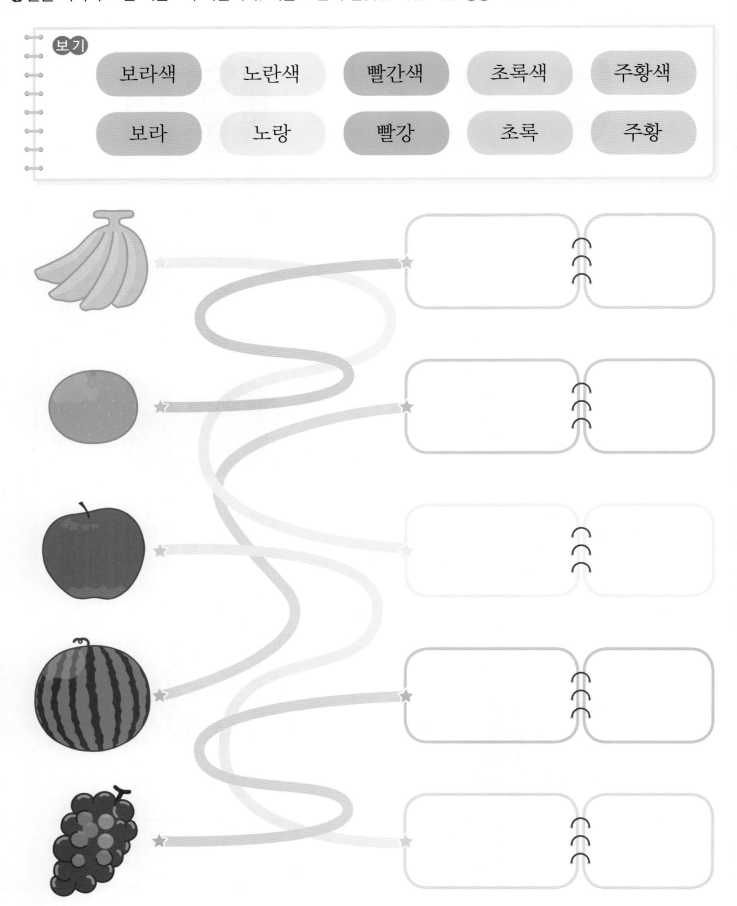

그림을 보고, 빈칸에 들어갈 색깔을 나타내는 낱말을 보기 에서 찾아 세 글자로 써 보세요.

보기
노랑　파랑　빨강　하양　검정　분홍　초록

예 보라 ➡ 보라색

소리를 흉내 내는 낱말 쓰기

🌸 흐리게 쓴 글자를 따라 써 보세요.

어떻게 쓸까요

🏷️ 소리를 흉내 내는 낱말을 잘 보고 따라 써 봅니다.

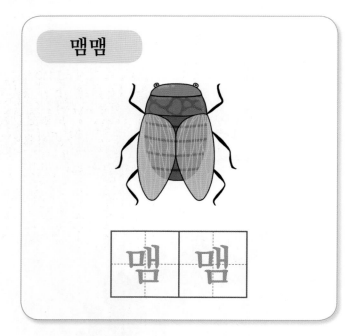

맴맴

맴 맴

멍멍

멍 멍

야옹야옹

야 옹 야 옹

부엉부엉

부 엉 부 엉

 '매미가 운다.'라고 하는 것보다 '매미가 맴맴 운다.'라고 하면 마치 매미가 눈앞에서 우는 것처럼 느껴집니다. 소리를 흉내 내는 말을 사용하면 느낌을 생생하게 전달할 수 있습니다.

꽥꽥

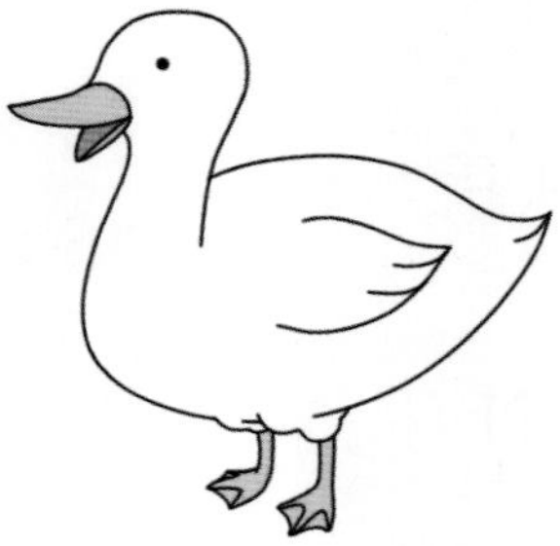

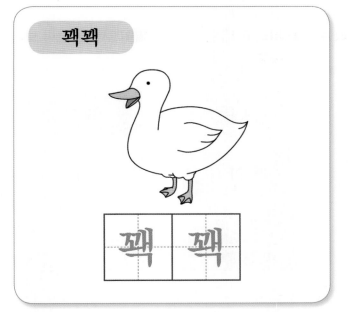

꽥	꽥

꼬끼오

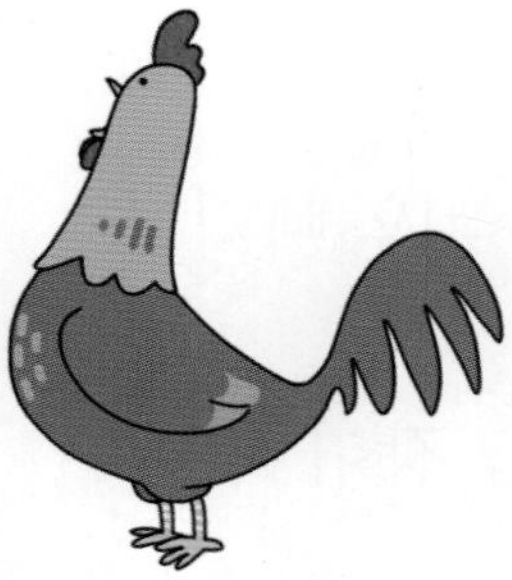

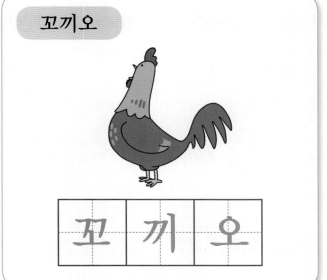

꼬	끼	오

꿀꿀

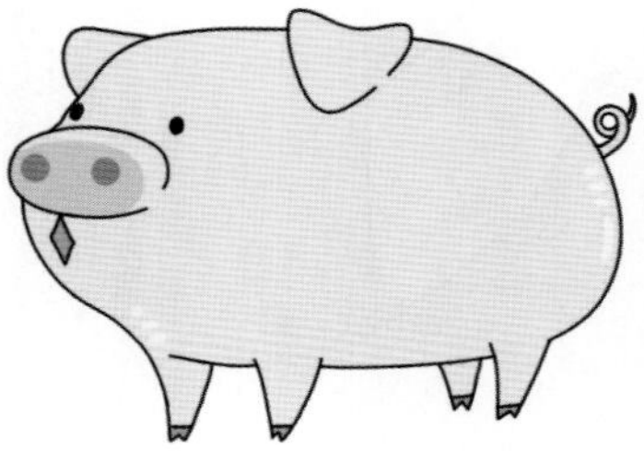

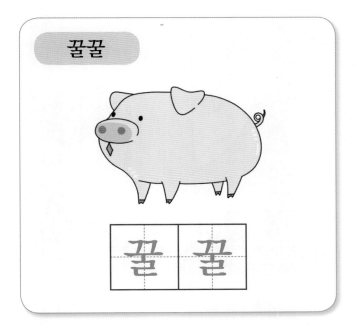

꿀	꿀

삐악삐악

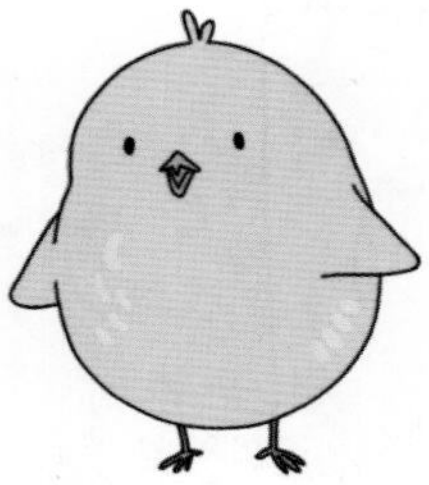

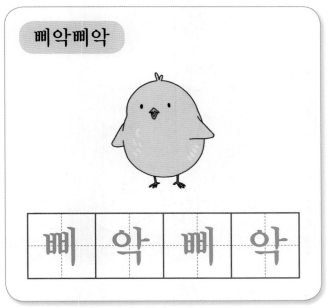

삐	악	삐	악

찍찍

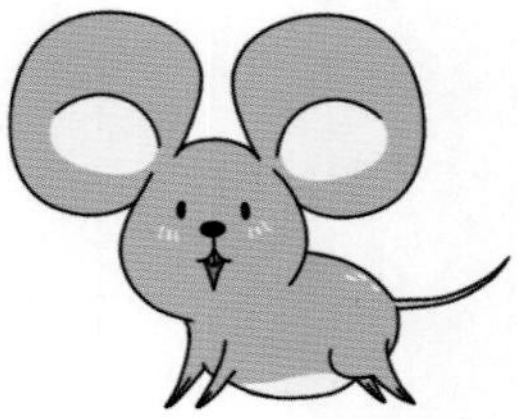

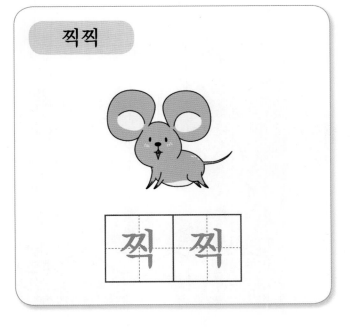

찍	찍

짹짹

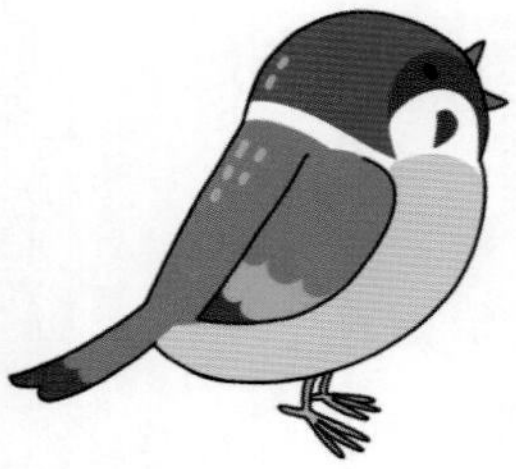

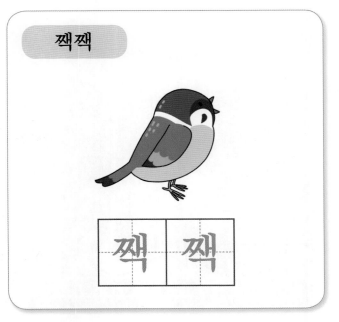

짹	짹

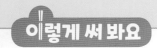

🌸 흐리게 쓴 글자를 따라 써 보세요.

🏷️ 샤워를 끝낸 동물들은 수건이 필요해요. 동물의 이름과 수건을 달라고 내는 소리를 **보기**에서 찾아 써 보세요.

보기

삐악삐악   꼬끼오   멍멍   찍찍

강아지   쥐   병아리   닭

🏷 그림을 보고, 빈칸에 들어갈 동물의 소리를 흉내 내는 낱말을 보기에서 찾아 써 보세요.

보기

꿀꿀   꽥꽥   맴맴   부엉부엉   짹짹

모양이나 움직임을 흉내 내는 낱말 쓰기

🌸 흐리게 쓴 글자를 따라 써 보세요.

어떻게 쓸까요

🔖 모양이나 움직임을 흉내 내는 낱말을 잘 보고 따라 써 봅니다.

둥실둥실

| 둥 | 실 | 둥 | 실 |

살랑살랑

| 살 | 랑 | 살 | 랑 |

엉금엉금

| 엉 | 금 | 엉 | 금 |

방긋방긋

| 방 | 긋 | 방 | 긋 |

모양이나 움직임을 흉내 내는 낱말은 '둥실둥실', '벙긋벙긋', '슬금슬금', '뱅글뱅글', '번쩍번쩍' 처럼 모음자를 달리하면 모양이나 움직임을 작거나 크게 표현할 수 있습니다.

꼬물꼬물

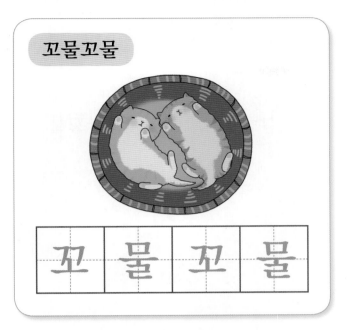

꼬	물	꼬	물

송골송골

송	골	송	골

1
주차

1회
2회
3회
4회
5회

살금살금

살	금	살	금

뒤뚱뒤뚱

뒤	뚱	뒤	뚱

빙글빙글

빙	글	빙	글

반짝반짝

반	짝	반	짝

흐리게 쓴 글자를 따라 써 보세요.

길을 잘 찾아가서 그림에 어울리는 낱말을 보기 에서 찾아 써 보세요.

보기

살금살금   엉금엉금   살랑살랑   꼬물꼬물

기어요.

걸어요.

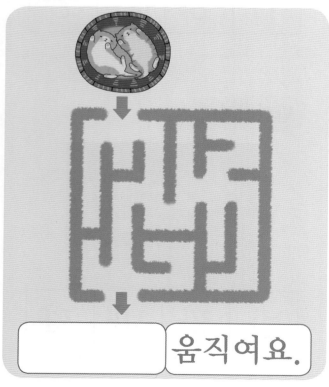

움직여요.

흔들어요.

🏷️ 그림을 보고, 빈칸에 들어갈 모양이나 움직임을 흉내 내는 낱말을 보기 에서 찾아 써 보세요.

1 주차
1회
2회
3회
4회
5회

보기

| 둥실둥실 | 송골송골 | 빙글빙글 |
| 뒤뚱뒤뚱 | 방긋방긋 | 반짝반짝 |

이름을 나타내는 낱말 쓰기

❀ 흐리게 쓴 글자를 따라 써 보세요.

에떻게 쓸까요

우리들에게 이름이 있는 것처럼 식물이나 동물들도 부르는 이름이 있어.

🥚 이름을 나타내는 낱말을 잘 보고 따라 써 봅니다.

참외

참	외

수박

수	박

딸기

딸	기

당근

당	근

 식물이나 동물, 물건 등의 이름을 바르게 써야 전달하려는 내용을 정확하게 전달할 수 있습니다.

가지

| 가 | 지 | |

복숭아

| 복 | 숭 | 아 |

1
주차
1회
2회
3회
4회
5회

배추

| 배 | 추 | |

꽃게

| 꽃 | 게 | |

오징어

| 오 | 징 | 어 |

고등어

| 고 | 등 | 어 |

🌸흐리게 쓴 글자를 따라 써 보세요.

🏷️ 그림에 어울리는 이름을 보기에서 찾아 써 보세요.

보기

| 참외 | 오징어 | 복숭아 | 당근 |

그림을 보고, 빈칸에 들어갈 알맞은 이름을 보기 에서 찾아 써 보세요.

보기

| 가지 | 고등어 | 복숭아 | 딸기 | 참외 |
| 오징어 | 당근 | 배추 | 꽃게 | 수박 |

시간을 나타내는 낱말 쓰기

🌸 흐리게 쓴 글자를 따라 써 보세요.

🏷️ 시간을 나타내는 낱말을 잘 보고 따라 써 봅니다.

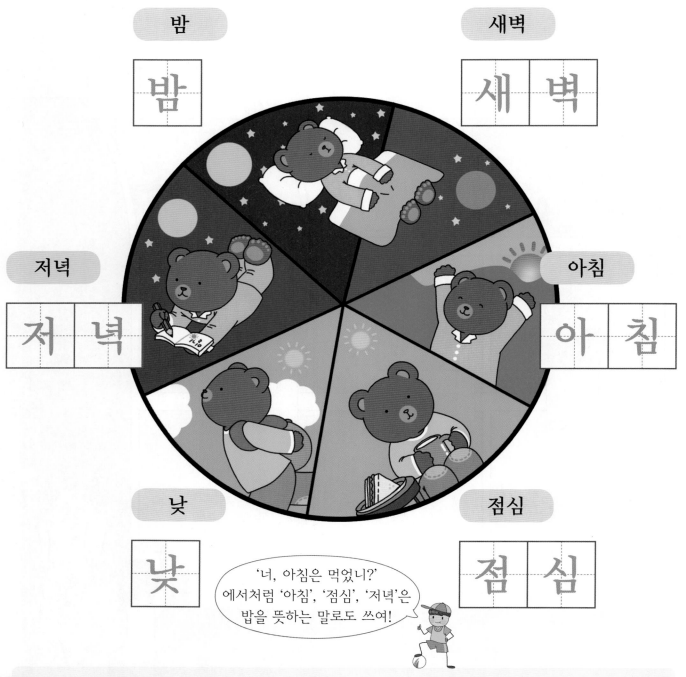

밤 | 밤

새벽 | 새 벽

저녁 | 저 녁

아침 | 아 침

낮 | 낮

점심 | 점 심

'너, 아침은 먹었니?'
에서처럼 '아침', '점심', '저녁'은
밥을 뜻하는 말로도 쓰여!

'1월', '2월', '3월', '3시', '6시' 등과 같이 달이나 시간과 관련된 '다음날', '지난주' 등도 시간을
나타내는 말입니다.

1
주차

1회
2회
3회
4회
5회

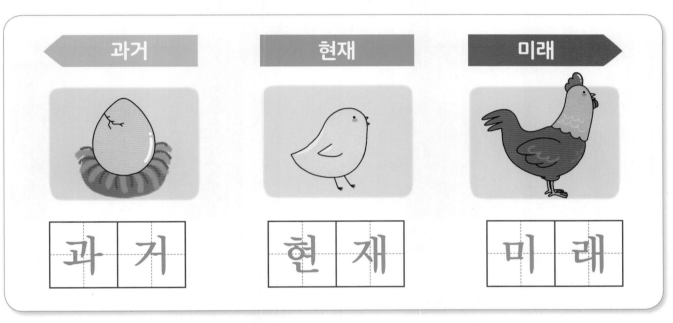

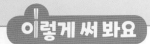

🌸 흐리게 쓴 글자를 따라 써 보세요.

🏷️ 그림에 어울리는 시간(때)을 나타내는 낱말을 **보기** 에서 찾아 써 보세요.

보기   낮   저녁   밤   아침

🏷️ 그림에 어울리는 낱말을 보기에서 찾아 써 보세요.

보기

어제	내일	과거	미래

오늘

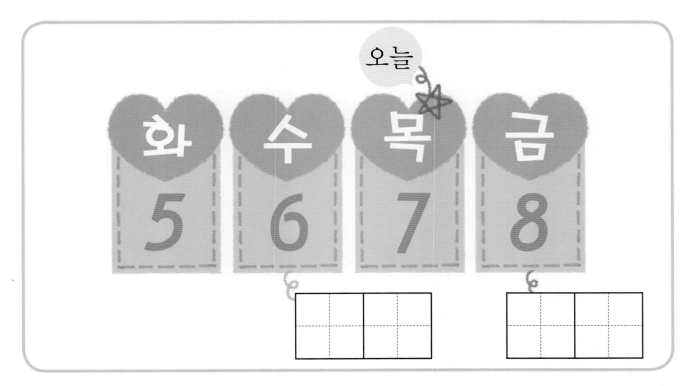

화 5　수 6　목 7　금 8

현재

받아쓰기 받아쓰기가 틀린 것을 바르게 고쳐 써서 100점짜리 답안지를 만들어 주세요.

보기

~~1.~~ 멤멤 → ①맴맴   ②참외 → ②참외

시험지 채점하기		100점 만들기
1. 파란색	→	1.
2. 주왕색	→	2.
3. 초록색	→	3.
4. 삐악삐악	→	4.
5. 꽃개	→	5.

바른 문장 쓰기 첫 글자를 보고, 그림 속 동물의 모습을 흉내 내는 낱말을 써 보세요.

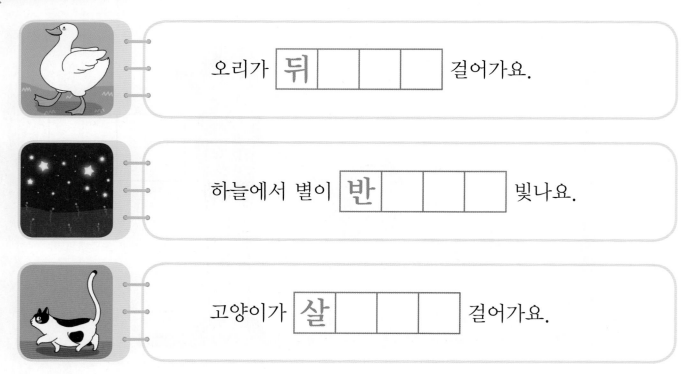

오리가 │ 뒤 │ │ │ 걸어가요.

하늘에서 별이 │ 반 │ │ │ 빛나요.

고양이가 │ 살 │ │ │ 걸어가요.

참 잘했어요

색칠하기

태양계로 우주 여행을 간 친구들과 태양, 지구를 무지개색을 사용하여 예쁘게 색칠해 주세요.

힌트: 무지개색은 빨간색, 주황색, 노란색, 초록색, 파란색, 남색, 보라색입니다.

2주차 내가 자주 사용하는 낱말 2

무엇을 쓸까요

1회 단위를 나타내는 낱말 쓰기
학습 계획일 ◯월 ◯일

2회 사이시옷이 들어가는 낱말 쓰기
학습 계획일 ◯월 ◯일

3회 기분을 나타내는 낱말 쓰기
학습 계획일 ◯월 ◯일

4회 동작을 나타내는 낱말 쓰기
학습 계획일 ◯월 ◯일

5회 모양이나 상태를 나타내는 낱말 쓰기
학습 계획일 ◯월 ◯일

자동차가 한 대 있고,
나무는 두 그루 있어.

아이들이 연극을 하나 봐요! **집 안에 있는 물건들의 이름을 서로 이야기하며 몇 개가 있는지 수를 세고** 있어요. 그런데 물건을 세는 낱말이 모두 다르게 쓰였네요. 우리말에는 이처럼 **특별한 뜻**으로 쓰이고 있는 낱말이 참 많아요.

우리가 자주 사용하는 낱말 중에서 **특별한 뜻으로 쓰이는** 낱말들은 무엇무엇이 있는지 알아볼까요?

옷은 다섯 벌,
신발은 세 켤레
있네.

단위를 나타내는 낱말 쓰기

2주차 1회

🌸 흐리게 쓴 글자를 따라 써 보세요.

어떻게 쓸까요

🗨 단위를 나타내는 낱말을 잘 보고 따라 써 봅니다.

대 — 차나 기계 따위를 세는 단위

대

명 — 사람을 세는 단위

명

권 — 책을 세는 단위

권

벌 — 옷을 세는 단위

벌

 시간을 나타내는 '12시 10분 5초'의 '시', '분', '초', 날짜를 나타내는 '1월 1일'의 '월'과 '일' 등도 단위를 나타내는 낱말입니다.

마리 동물을 세는 단위

마	리

다발 꽃이나 돈 따위의 묶음을 세는 단위

다	발

자루 필기도구 등 기름하게 생긴 물건을 세는 단위

자	루

그루 식물, 특히 나무를 세는 단위

그	루

켤레 신발이나 양말 등을 한 단위로 세는 단위

켤	레

포기 한 개의 뿌리로 된 통째로의 초목을 세는 단위

포	기

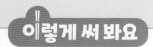

이렇게 써 봐요

❀흐리게 쓴 글자를 따라 써 보세요.

🖊 그림을 보고, 물건의 단위를 나타내는 말을 보기 에서 찾아 써 보세요.

보기
권 다발 벌 마리 자루

• 옷 네 ☐☐ • 연필 네 ☐☐☐ • 책 여섯 ☐☐

• 꽃 세 ☐☐ • 햄스터 다섯 ☐☐

그림 속에 있는 물건의 개수를 세어 보고 보기 에서 알맞은 단위를 찾아 함께 써 보세요.

2
주차
1회
2회
3회
4회
5회

보기

대   포기   그루   명   켤레

그림 속에는 나무 ⬚⬚⬚⬚,

자동차 ⬚⬚⬚, 사람 ⬚⬚⬚,

배추 ⬚⬚⬚⬚⬚,

신발 ⬚⬚⬚⬚ 가 있습니다.

사이시옷이 들어가는 낱말 쓰기

🌸 흐리게 쓴 글자를 따라 써 보세요.

🖊 사이시옷이 들어가는 낱말을 소리 내어 읽어 보고 따라 써 봅니다.

나뭇잎

나	뭇	잎

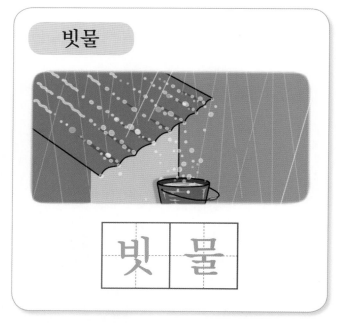

빗물

빗	물

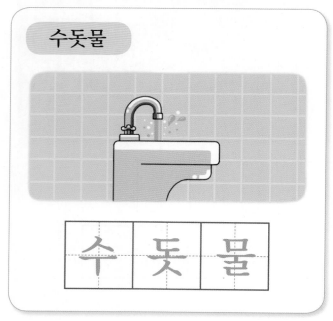

수돗물

수	돗	물

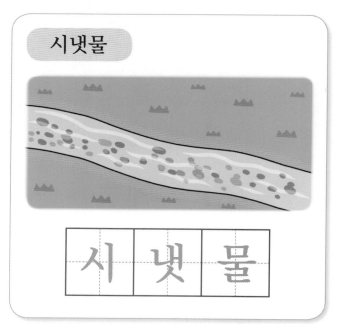

시냇물

시	냇	물

'나무'와 '잎'이 만나 하나의 낱말을 이루면 낱말과 낱말 사이에 사이시옷('ㅅ')을 붙입니다.
이처럼 사이시옷이 들어간 낱말은 모두 낱말과 낱말이 합쳐진 낱말입니다.

콧구멍

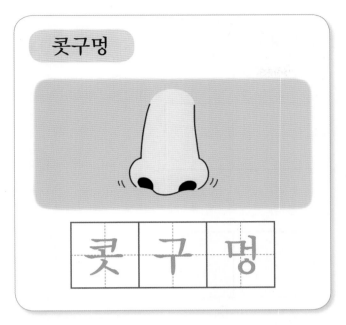

콧	구	멍

뒷산

뒷	산

등굣길

등	굣	길

바닷가

바	닷	가

찻잔

찻	잔

비눗방울

비	눗	방	울

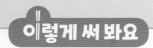

🌸 흐리게 쓴 글자를 따라 써 보세요.

🖊 두 낱말 사이에 사이시옷이 들어가 만들어진 낱말을 빈칸에 써 보세요.

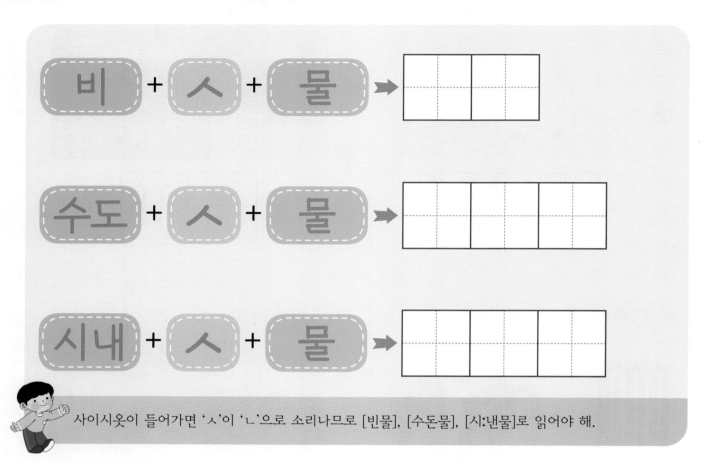

비 + ㅅ + 물 ➡

수도 + ㅅ + 물 ➡

시내 + ㅅ + 물 ➡

사이시옷이 들어가면 'ㅅ'이 'ㄴ'으로 소리나므로 [빈물], [수돈물], [시:낸물]로 읽어야 해.

등교 + ㅅ + 길 ➡

코 + ㅅ + 구멍 ➡

비누 + ㅅ + 방울 ➡

사이시옷이 들어가면 'ㅅ' 다음에 오는 말은 거센소리가 나도록 해서 [등교낄/등꼳낄], [코꾸멍], [비누빵울/비눈:빵울]로 읽어야 해.

🔖 빈칸에 들어갈 알맞은 낱말을 보기 에서 찾아 써 보세요.

보기
등굣길   찻잔   나뭇잎   바닷가

미술 시간에 가을 풍경을 담은 그림을
그리기 위해 ⬚⬚⬚ 에 다양한 모양의
⬚⬚⬚ 을 주워서 학교에 갔다.

⬚⬚⬚⬚ 에서 ⬚⬚ 을 들고 갈매기를
바라보는 엄마의 모습을 그리고 주워 온
⬚⬚⬚ 으로 가을 느낌이 나도록
꾸몄다.

기분을 나타내는 낱말 쓰기

🌸 흐리게 쓴 글자를 따라 써 보세요.

어떻게 쓸까요

🔖 기분을 나타내는 낱말을 잘 보고 따라 써 봅니다.

즐겁다

즐	겁	다

무섭다

무	섭	다

슬프다

슬	프	다

화나다

화	나	다

어떤 일에 대해 생기는 마음의 상태를 기분이라고 합니다. 우리가 생활하면서 자주 사용하는 '즐거워요', '무서워요', '슬퍼요', '화나요', '속상해요', '놀라요', '외로워요', '기뻐요', '미안해요', '심심해요' 등의 표현도 기분을 나타내는 낱말입니다.

신나다

신	나	다

놀라다

놀	라	다

지루하다

지	루	하	다

속상하다

속	상	하	다

미안하다

미	안	하	다

심심하다

심	심	하	다

🏷️ 그림을 보고 아이의 기분을 나타내는 말을 보기 에서 찾아 써 보세요.

보기

즐거워요 미안해요 무서워요 화나요 슬퍼요

속상해요 지루해요 신나요 심심해요

그림에 나타난 아이의 기분과 어울리는 낱말을 보기에서 찾아 써 보세요.

2
주차

1회
2회
3회
4회
5회

보기

슬프다   놀라다   화나다   신나다

동작을 나타내는 낱말 쓰기

🌸 흐리게 쓴 글자를 따라 써 보세요.

에떻게 쓸까요

🗨️ 동작을 나타내는 낱말을 잘 보고 따라 써 봅니다.

먹다

| 먹 | 다 |

마시다

| 마 | 시 | 다 |

닦다

| 닦 | 다 |

씻다

| 씻 | 다 |

동작을 나타내는 낱말은 하는 일이나 행동을 표현하는 낱말입니다. 우리가 생활하면서 자주 사용하는 '먹어요', '써요', '닦아요', '뛰어요', '울어요', '웃어요', '잘라요', '씻어요', '흔들어요', '걸어요' 등의 표현도 동작을 나타내는 말입니다.

울다

울	다

웃다

웃	다

2
주차
1회
2회
3회
4회
5회

달리다

달	리	다

걷다

걷	다

흔들다

흔	들	다

춤추다

춤	추	다

그림을 보고, 아이의 동작을 나타내는 말을 **보기**에서 찾아 써 보세요.

🌸 흐리게 쓴 글자를 따라 써 보세요.

보기
웃어요   먹어요   마셔요   씻어요   닦아요   울어요

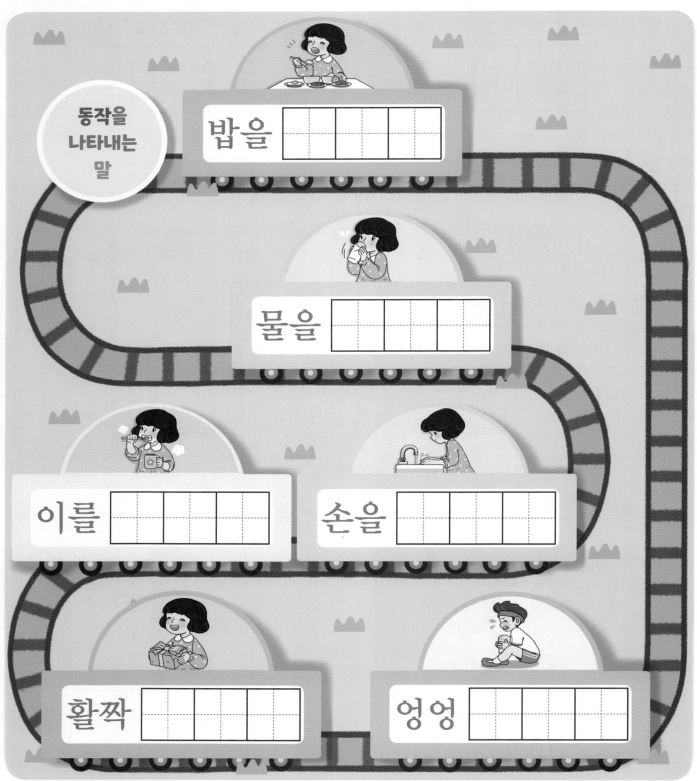

동작을 나타내는 말

밥을 ☐☐☐

물을 ☐☐☐

이를 ☐☐☐

손을 ☐☐☐

활짝 ☐☐☐

엉엉 ☐☐☐

🏷️ 동물이 하는 동작에 어울리는 말을 보기 에서 찾아 써 보세요.

보기

걷다	마시다	씻다
춤추다	달리다	흔들다

모양이나 상태를 나타내는 낱말 쓰기

🌸 흐리게 쓴 글자를 따라 써 보세요.

어떻게 쓸까요

🏷️ 모양이나 상태를 나타내는 낱말을 잘 보고 따라 써 봅니다.

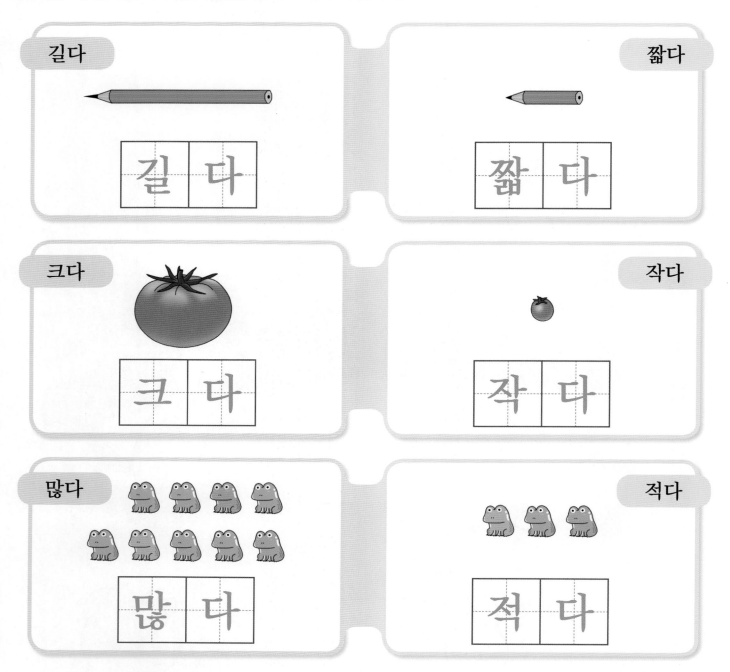

길다

| 길 | 다 |

짧다

| 짧 | 다 |

크다

| 크 | 다 |

작다

| 작 | 다 |

많다

| 많 | 다 |

적다

| 적 | 다 |

👩 '길다-짧다', '크다-작다', '많다-적다', '넓다-좁다', '밝다-어둡다', '춥다-덥다', '있다-없다' 등은 서로 반대되는 뜻을 가지고 있는 낱말입니다.

넓다

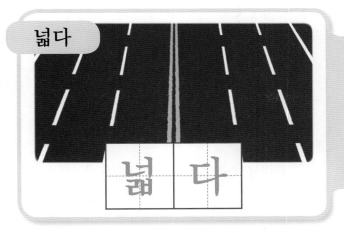

넓	다

좁다

좁	다

밝다

밝	다

어둡다

어	둡	다

춥다

춥	다

덥다

덥	다

있다

있	다

없다

없	다

🏷️ 그림을 보고, 모양이나 상태를 나타내는 말을 **보기** 에서 찾아 써 보세요.

보기

| 작아요 | 커요 | 길어요 | 짧아요 |
| 많아요 | 추워요 | 더워요 | 적어요 |

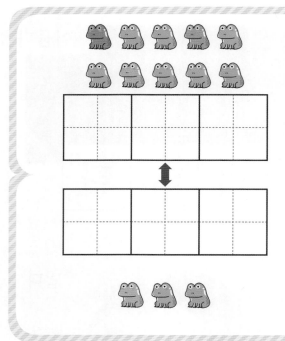

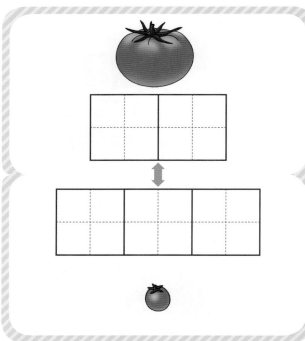

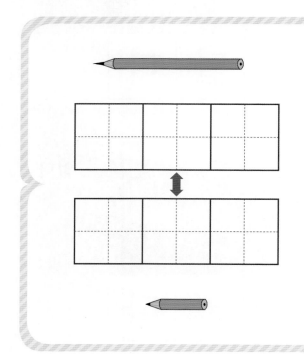

그림을 보고, 그림에 어울리는 낱말을 보기 에서 찾아 써 보세요.

보기

있다   밝다   넓다

좁다   없다   어둡다

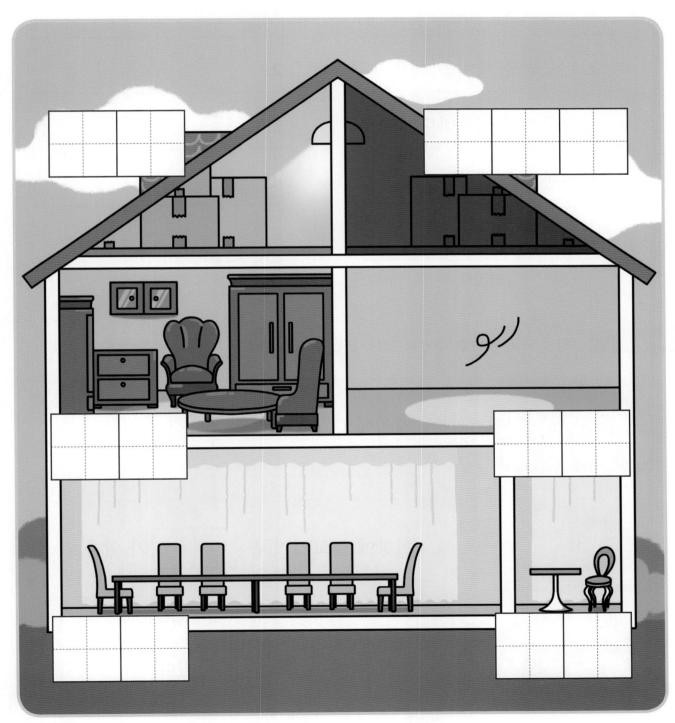

받아쓰기 받아쓰기가 틀린 것을 바르게 고쳐 써서 100점짜리 답안지를 만들어 주세요.

보기

/1. 코물을 닥다. → ①콧물을 닦다.

시험지 채점하기 → 100점 만들기

1. 운동화 한 켤래 → 1.

2. 비눗방울 놀이를 해요. → 2.

3. 친구에게 미안하다. → 3.

4. 운동장을 걷다. → 4.

5. 길이가 짤따. → 5.

바른 문장 쓰기 그림을 보고, 단위를 나타내는 말을 빈칸에 써 보세요.

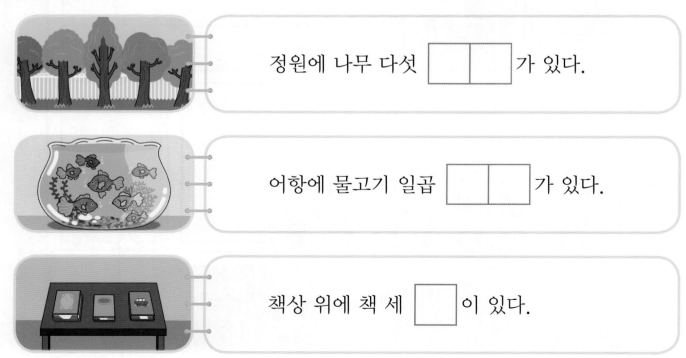

정원에 나무 다섯 ☐☐ 가 있다.

어항에 물고기 일곱 ☐☐ 가 있다.

책상 위에 책 세 ☐ 이 있다.

 같은 그림 찾기

🌱 같은 그림이 몇 개씩 있는지 찾아보세요.

조건: 5분 안에 같은 그림을 찾아보세요.

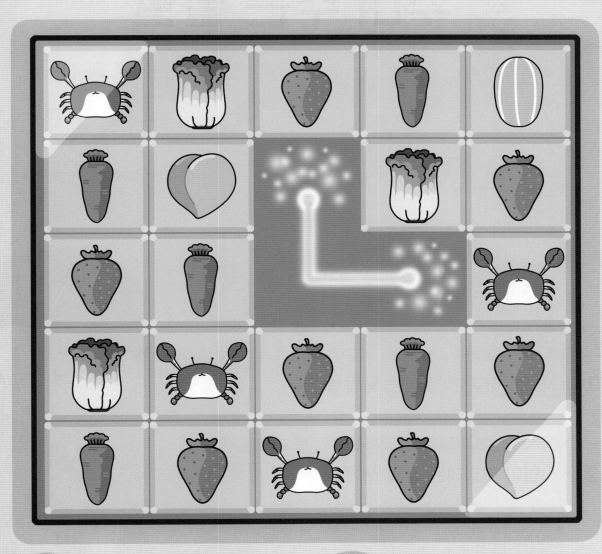

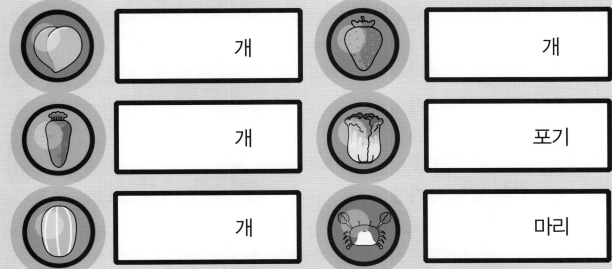

3주차 헷갈리는 낱말과 꾸며 주는 낱말

천천히 줄을
당겨 봐.

아이들이 재미있는 마리오네트 인형 놀이를 하고 있어요.

서로서로 놀이 방법을 가르쳐 주는 모습이 참 보기 좋네요.

헷갈리는 말이 있다면 '천천히', '어떻게'처럼 상황에 맞게 바르게 말해야

말뜻을 잘 알아듣겠죠? 쓰임이 헷갈리는 말을 알아볼까요?

3주차

1회

'이'와 '히'가 헷갈리는 낱말 쓰기

🌸 흐리게 쓴 글자를 따라 써 보세요.

🔖 '이'와 '히'가 헷갈리는 낱말을 잘 보고 따라 써 봅니다.

가까이

| 가 | 까 | 이 | 지내다.

열심히

| 열 | 심 | 히 | 타다.

줄줄이

| 줄 | 줄 | 이 | 나오다.

쓸쓸히

| 쓸 | 쓸 | 히 | 떠나다.

 발음을 할 때 끝 글자가 '가까이', '줄줄이'처럼 '이'로만 나는 것은 '-이'로 씁니다. '히'로만 나거나 '이', '히'로 나는 것은 '-히'로 씁니다.

깨끗이

깨끗이 씻다.

천천히

천천히 걷다.

따뜻이

따뜻이 입다.

조용히

조용히 있다.

반듯이

반듯이 두다.

나란히

나란히 앉다.

🍀 흐리게 쓴 글자를 따라 써 보세요.

🏷️ 보기 의 낱말에서 빠진 '이'와 '히'를 써 넣어 각각의 자리에 나누어 써 보세요.

보기

| 열심◯ | 깨끗◯ | 천천◯ | 조용◯ | 반듯◯ |
| 가까◯ | 쓸쓸◯ | 나란◯ | 따뜻◯ | 줄줄◯ |

'이'로 끝나는 낱말

'히'로 끝나는 낱말

🏷️ 그림에 어울리는 낱말을 보기 에서 찾아 써 보세요.

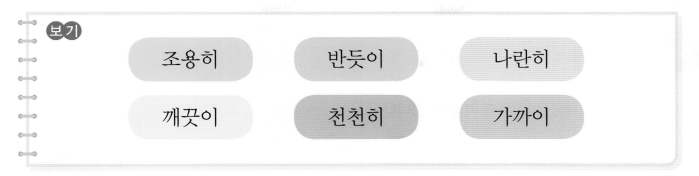

보기

조용히　　　반듯이　　　나란히

깨끗이　　　천천히　　　가까이

☐☐☐ 닦다.

☐☐☐ 눕다.

☐☐☐ 움직이다.

☐☐☐ 놓다.

☐☐☐ 말하다.

☐☐☐ 보다.

2회

쓰임이 헷갈리는 낱말 쓰기 1

🌸 흐리게 쓴 글자를 따라 써 보세요.

어떻게 쓸까요

🗨️ 쓰임이 헷갈리는 낱말을 잘 보고 따라 써 봅니다.

짓다

집을 | 짓 | 다 |.

짖다

개가 | 짖 | 다 |.

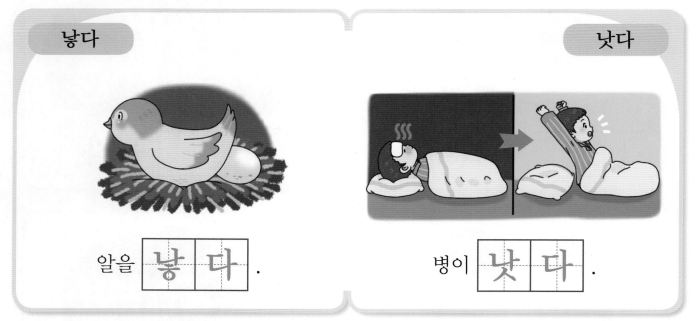

낳다

알을 | 낳 | 다 |.

낫다

병이 | 낫 | 다 |.

'신발을 잃어버리다.', '약속을 잊어버리다.'에 쓰인 '잃어버리다'와 '잊어버리다'도 가졌던 물건을 잃어버린 것과 기억하지 못하고 잊어버린 것으로, 상황에 맞게 뜻을 잘 구별해서 써야 합니다.

닫히다

문이 닫 히 다 .

다치다

손을 다 치 다 .

늘이다

느리다

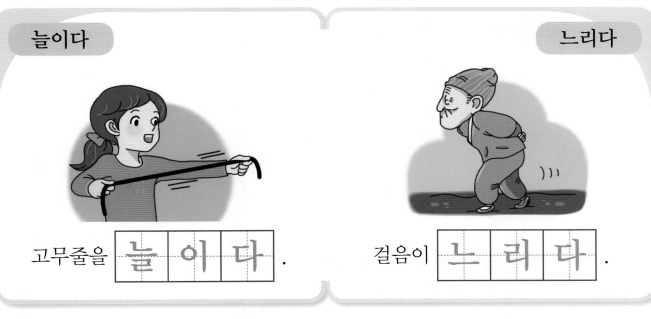

고무줄을 늘 이 다 .

걸음이 느 리 다 .

같다

갖다

모양이 같 다 .

인형을 갖 다 .

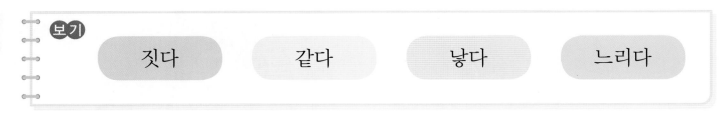

🌸흐리게 쓴 글자를 따라 써 보세요.

🏷 그림을 보고, 빈칸에 공통으로 들어갈 낱말을 보기 에서 찾아 써 보세요.

보기

짓다	같다	낳다	느리다

건물을 ⬜⬜⬜.

미소를 ⬜⬜.

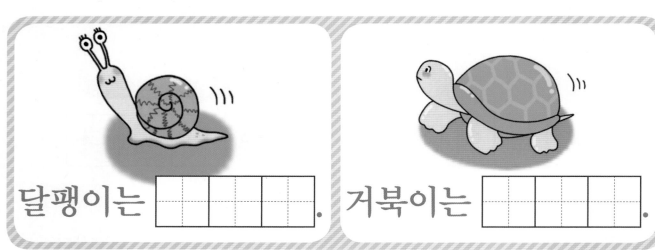

달팽이는 ⬜⬜⬜.

거북이는 ⬜⬜⬜.

나이가 ⬜⬜.

무게가 ⬜⬜.

🏷️ 그림에 어울리는 낱말을 보기 에서 찾아 빈칸에 써 보세요.

보기

느리다   다치다   짖다   같다

옷 색깔이 □□.

발을 □□□.

개가 □□.

움직임이 □□□.

쓰임이 헷갈리는 낱말 쓰기 2

🌸 흐리게 쓴 글자를 따라 써 보세요.

어떻게 쓸까요

🗨 쓰임이 헷갈리는 낱말을 잘 보고 따라 써 봅니다.

피다

꽃이 | 피 | 다 | .

펴다

이불을 | 펴 | 다 | .

메다

가방을 | 메 | 다 | .

매다

신발 끈을 | 매 | 다 | .

 '금덩이를 강물에 버리다.', '입을 크게 벌리다.', '생일잔치를 벌이다.'에 쓰인 '버리다', '벌리다', '벌이다'도 상황에 맞게 구별해서 써야 합니다.

다르다

우리는 | 다 | 르 | 다 | .

틀리다

1 + 2 = 5

계산이 | 틀 | 리 | 다 | .

맞추다

줄을 | 맞 | 추 | 다 | .

마치다

수업을 | 마 | 치 | 다 | .

가르치다

피아노를 | 가 | 르 | 치 | 다 | .

가리키다

기린을 | 가 | 리 | 키 | 다 | .

● 흐리게 쓴 글자를 따라 써 보세요.

🏷 낚싯줄에 걸린 말과 같은 색의 물고기를 찾아 줄을 긋고, 보기 에서 알맞은 낱말을 찾아 써 보세요.

보기

피다   다르다   펴다   매다

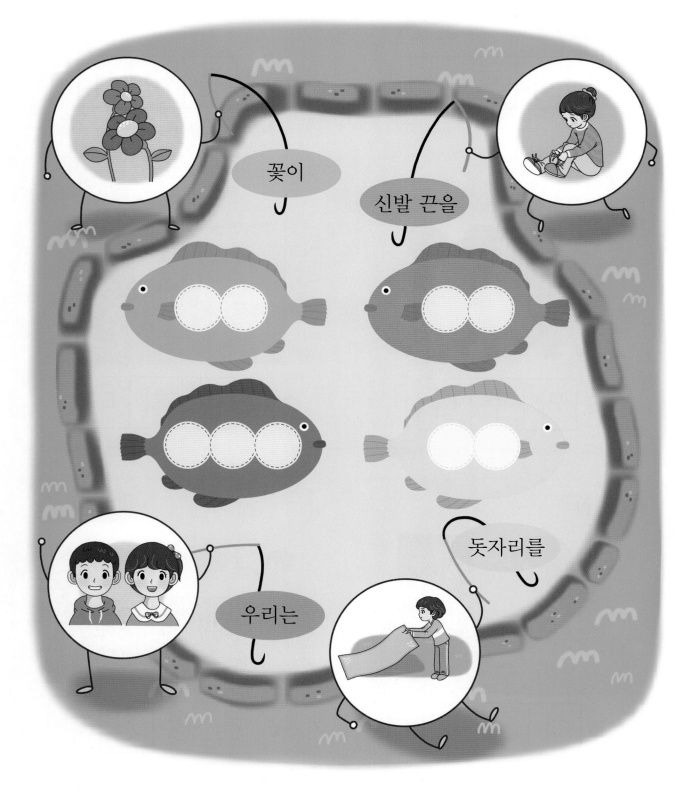

빈칸에 들어갈 낱말을 보기 에서 찾아 써 보세요.

3
주차
1회
2회
3회
4회
5회

보기

| 메다 | 매다 | 다르다 | 틀리다 |

모양이 ⬜⬜⬜.

일기예보가 ⬜⬜⬜.

줄을 ⬜⬜.

꾸며 주는 낱말 쓰기 1

🌸흐리게 쓴 글자를 따라 써 보세요.

에떻게 쓸까요

🍃 꾸며 주는 낱말을 잘 보고 따라 써 봅니다.

귀여운

| 귀 | 여 | 운 | 토끼

예쁜

| 예 | 쁜 | 인형

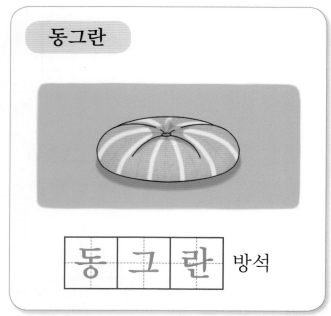

동그란

| 동 | 그 | 란 | 방석

차가운

| 차 | 가 | 운 | 얼음

문장의 짜임 중 '어떤 무엇이'에서 '어떤'에 해당하는 부분에 꾸며 주는 말을 씁니다. 꾸며 주는 말은 상태나 모양을 나타내는 말로, 뒤에 오는 말을 꾸며 주어 그 뜻을 자세하게 해 줍니다.

시원한

| 시 | 원 | 한 | 바람

따뜻한

| 따 | 뜻 | 한 | 이불

뚱뚱한

| 뚱 | 뚱 | 한 | 사람

빠른

| 빠 | 른 | 자동차

싱싱한

| 싱 | 싱 | 한 | 생선

달콤한

| 달 | 콤 | 한 | 초콜릿

🌸 흐리게 쓴 글자를 따라 써 보세요.

🗨 그림에 어울리는 낱말을 보기 에서 찾아 써 보세요.

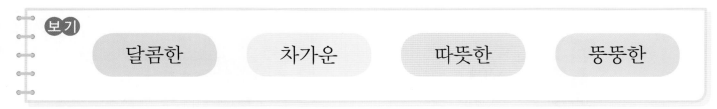

보기

달콤한　　　차가운　　　따뜻한　　　뚱뚱한

돼지

솜사탕

목도리

빙수

그림에 어울리는 낱말을 보기 에서 찾아 써 보세요.

3
주차

1회
2회
3회
4회
5회

보기

귀여운　　　　동그란　　　　싱싱한　　　　예쁜

[ ][ ] 모자

[ ][ ][ ] 안경

[ ][ ][ ] 강아지

[ ][ ][ ] 과일

5회

꾸며 주는 낱말 쓰기 2

🌸 흐리게 쓴 글자를 따라 써 보세요.

어떻게 쓸까요

🔖 꾸며 주는 낱말을 잘 보고 따라 써 봅니다.

함께

| 함 | 께 | 놀다.

몹시

| 몹 | 시 | 춥다.

몰래

| 몰 | 래 | 엿듣다.

엄청

| 엄 | 청 | 크다.

 문장의 짜임 중 '어떻게 어떠하다.'나 '어떻게 어찌하다.'에서 '어떻게'에 해당하는 부분에 꾸며 주는 말을 씁니다. 꾸며 주는 말은 뒤에 오는 '어떠하다'나 '어찌하다'의 뜻을 좀 더 자세하게 해 줍니다.

높이

높	이

날다.

멀리

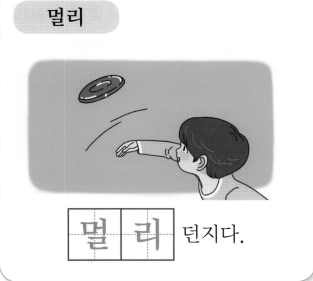

멀	리

던지다.

활짝

활	짝

열다.

힘껏

힘	껏

굴리다.

깜짝

깜	짝

놀라다.

거꾸로

거	꾸	로

서다.

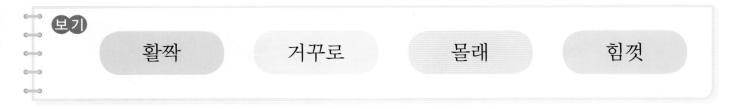

이렇게 써 봐요

🌸흐리게 쓴 글자를 따라 써 보세요.

그림에 어울리는 낱말을 보기에서 찾아 써 보세요.

보기

| 활짝 | 거꾸로 | 몰래 | 힘껏 |

먹다.

웃다.

당기다.

매달리다.

🍃 그림에 어울리는 낱말을 보기 에서 찾아 써 보세요.

3
주차
1회
2회
3회
4회
5회

보기

높이　　　함께　　　엄청　　　멀리

□□ 올라가다.

□□ 날아가다.

□□ 보다.

□□ 많다.

받아쓰기 받아쓰기가 틀린 것을 바르게 고쳐 써서 100점짜리 답안지를 만들어 주세요.

보기

~~1.~~ 열심이 만들다.　　→　　①. 열심히 만들다.

시험지 채점하기　　　　　　　　　　　　100점 만들기

1. 따뜻이 입다.　　→　　1. _____

2. 깨끗히 씻다.　　→　　2. _____

3. 눈병이 낳다.　　→　　3. _____

4. 우산을 펴다.　　→　　4. _____

5. 팔을 다치다.　　→　　5. _____

바른 문장 쓰기 그림을 보고, 상황에 어울리도록 꾸며 주는 말을 보기 에서 찾아 써 보세요.

보기　　달콤한　　활짝　　예쁜　　엄청

□□ 꽃이 □□ 피었다.

□□□ 과자가 □□ 맛있다.

사자와 호랑이가 활쏘기를 합니다. 맞게 쓴 낱말에 ○표 하고, 누가 높은 점수를 얻었는지 써 보세요.

힌트: 과녁에 꽂힌 화살에 붙은 낱말이 맞는 것만 점수로 계산됩니다.

가 이겼어요.

4주차 바르게 써야 하는 낱말

무엇을 쓸까요

아하! 꼬마 박사님 둘이서 **로봇 친구를 만나고** 있어요. 로봇 친구가 먹을 것을 준비하려고 먹고 싶은 음식이 뭐냐고 물었군요. 꼬마 박사님은 로봇 친구의 말을 알아듣기는 했지만 **글자와 다르게 소리 나는 낱말과 높임말** 등을 알려 줘서 로봇 친구와 **더 친해지고 싶어** 하나 봐요!

글자와 다르게 소리 나는 낱말쓰기 1

🌸 흐리게 쓴 글자를 따라 써 보세요.

어떻게 쓸까요

🏷️ 글자와 다르게 소리 나는 낱말을 잘 보고 바르게 따라 써 봅니다.

◎ 귀여운 장난감　✗ 귀여운 장난깜

| 귀 | 여 | 운 | | 장 | 난 | 감 | |

◎ 뜨거운 떡국　✗ 뜨거운 떡꾹

| 뜨 | 거 | 운 | | 떡 | 국 | | |

◎ 동그란 김밥　✗ 동그란 김빱

| 동 | 그 | 란 | | 김 | 밥 | | |

글자와 소리가 다른 말을 '국쑤', '물뻥'처럼 소리 나는 대로 쓰면 전하려는 뜻을 정확하게 전하기 어렵고, 읽는 사람이 글을 이해하기 어려우므로 글자를 바르게 써야 합니다.

◎ 축구를 하다.   ✕ 축꾸를 하다.

축	구	를		하	다	.	

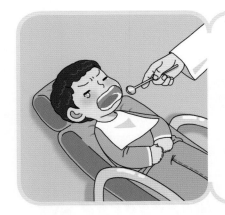

◎ 치과에 오다.   ✕ 치꽈에 오다.

치	과	에		오	다	.	

◎ 국수가 길다.   ✕ 국쑤가 길다.

국	수	가		길	다	.	

◎ 책상이 크다.   ✕ 책쌍이 크다.

책	상	이		크	다	.	

4주차

1회
2회
3회
4회
5회

🍃 글자를 틀리게 쓴 친구를 찾아 ✕표 하고, 바르게 고쳐 써 보세요.

🍂 흐리게 쓴 글자를 따라 써 보세요.

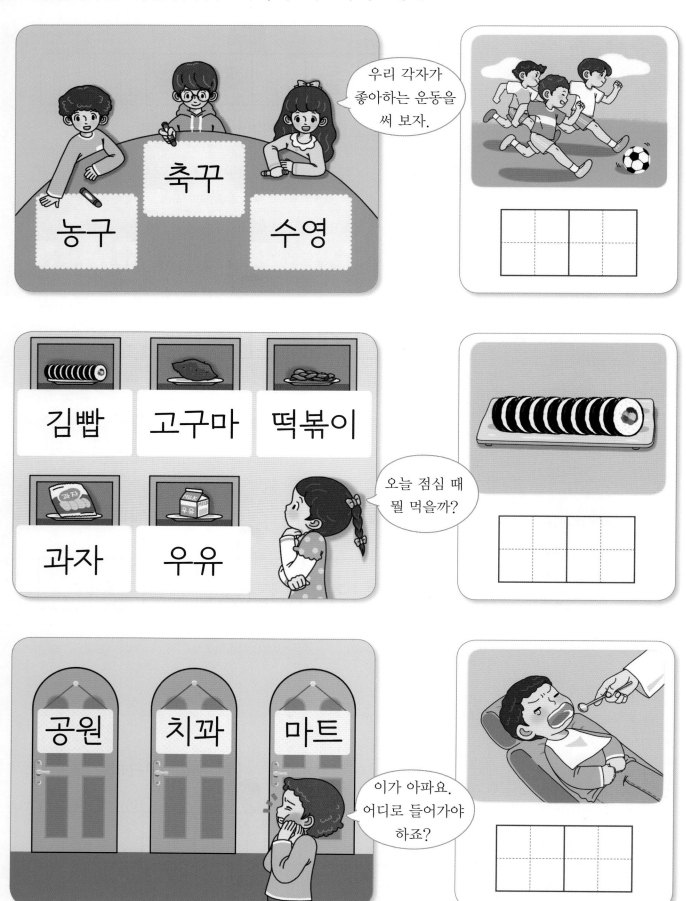

낱말카드에 쓰인 낱말을 바르게 고쳐 써 보세요.

책쌍

⬇

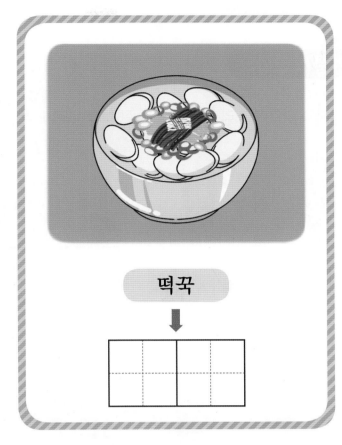

떡꾹

⬇

국쑤

⬇

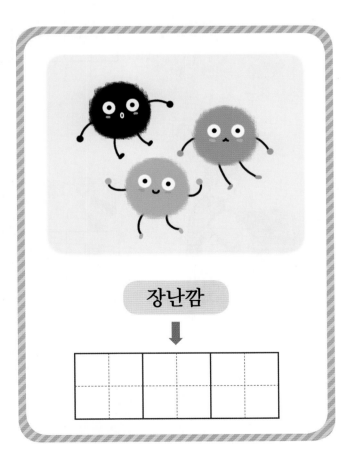

장난깜

⬇

4주차 2회

글자와 다르게 소리 나는 낱말 쓰기 2

🌸 흐리게 쓴 글자를 따라 써 보세요.

어떻게 쓸까요

🔖 글자와 다르게 소리 나는 낱말을 잘 보고 바르게 따라 써 봅니다.

⭕ 땀이 나요.　❌ 따미 나요.

땀	이		나	요	.			

⭕ 춤을 춰요.　❌ 추믈 춰요.

춤	을		춰	요	.			

⭕ 북을 쳐요.　❌ 부글 쳐요.

북	을		쳐	요	.			

'춤만 추다.', '춤도 추다.'처럼 '춤' 뒤에 자음자가 올 때는 글자와 소리가 같습니다.

○ 별을 봐요.　✕ 벼를 봐요.

| 별 | 을 | | 봐 | 요 | . | | |

○ 집에 가요.　✕ 지베 가요.

| 집 | 에 | | 가 | 요 | . | | |

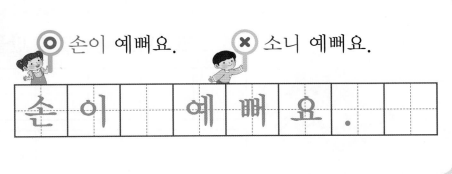
○ 손이 예뻐요.　✕ 소니 예뻐요.

| 손 | 이 | | 예 | 뻐 | 요 | . | |

○ 연을 날려요.　✕ 여늘 날려요.

| 연 | 을 | | 날 | 려 | 요 | . | |

4 주차
1회
2회
3회
4회
5회

🌸 흐리게 쓴 글자를 따라 써 보세요.

🖊 바르게 고쳐 쓴 문장을 써 보세요.

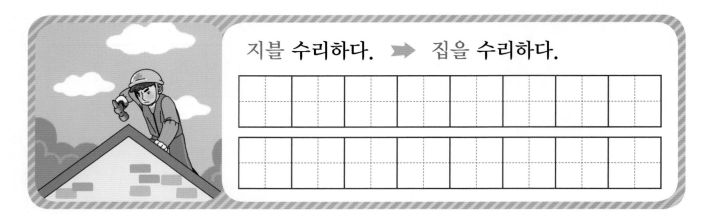

지블 수리하다. ➡ 집을 수리하다.

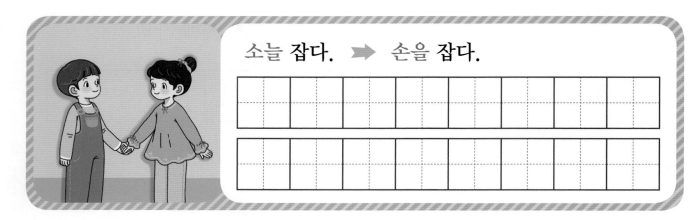

소늘 잡다. ➡ 손을 잡다.

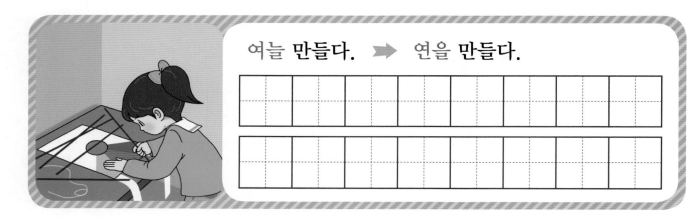

여늘 만들다. ➡ 연을 만들다.

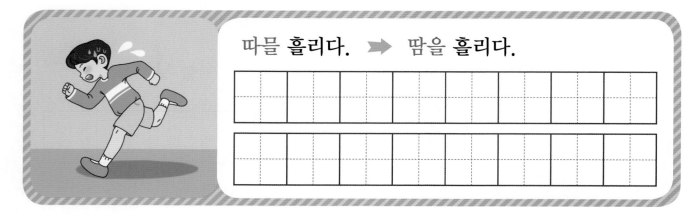

따믈 흘리다. ➡ 땀을 흘리다.

🏷️ 그림을 보고, 상황에 어울리는 말을 보기에서 찾아 써 보세요.

보기

| 연이 | 춤을 | 북을 | 별이 |

보기 □□ 날아가요.

□□ 빛나요. →

□□ 쳐요.

□□ 춰요.

3회 상황에 맞는 인사말 쓰기

🌸 흐리게 쓴 글자를 따라 써 보세요.

에떻게 쓸까요

🖊 상황에 맞는 인사말을 잘 보고 따라 써 봅니다.

안녕.

| 안 | 녕 | . | | |

반가워.

| 반 | 가 | 워 | . | |

고마워.

| 고 | 마 | 워 | . | |

미안해.

| 미 | 안 | 해 | . | |

 인사말을 할 때에는 어떤 상황인지 살펴본 뒤 진심을 담아 고운 말로 인사하고, 인사말에 어울리는 표정과 목소리로 말하면 마음을 더 잘 표현할 수 있습니다.

괜찮아?

괜	찮	아	？

축하해.

축	하	해	．

다녀올게.

다	녀	올	게	．

내일 보자.

내	일		보	자	．

잘 지내.

잘		지	내	．

잘 자.

잘		자	．

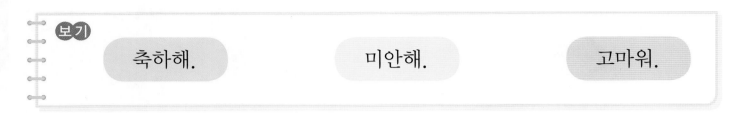

●흐리게 쓴 글자를 따라 써 보세요.

그림을 보고, 상황에 어울리는 인사말을 보기 에서 찾아 써 보세요.

축하해.　　　　　미안해.　　　　　고마워.

우리 같이 먹자.

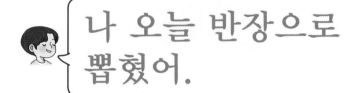
나 오늘 반장으로 뽑혔어.

아야!

그림을 보고, 상황에 어울리는 인사말을 보기 에서 찾아 써 보세요.

4
주차
1회
2회
3회
4회
5회

보기

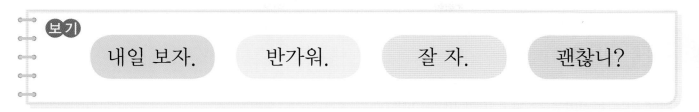

내일 보자.   반가워.   잘 자.   괜찮니?

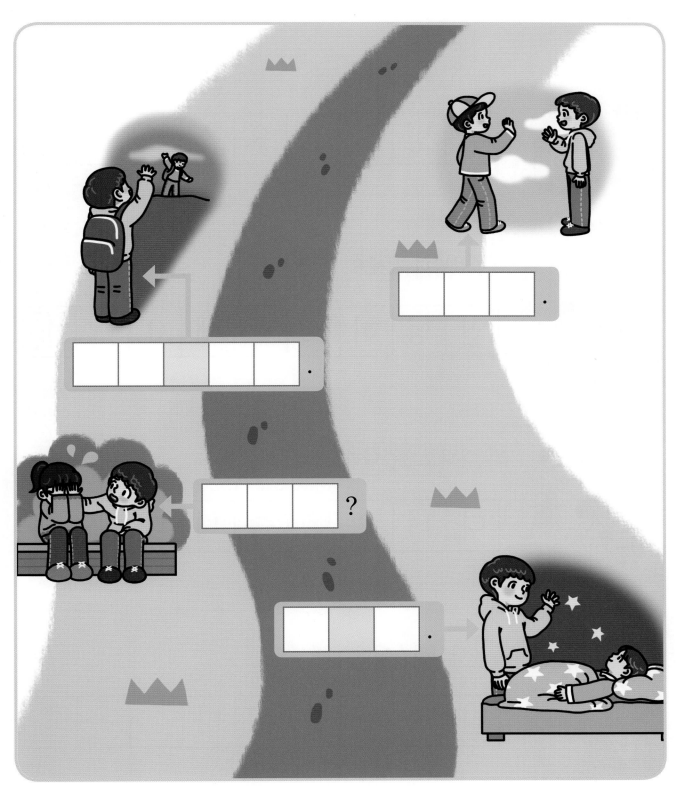

상황에 맞는 높임말 쓰기

🌸 흐리게 쓴 글자를 따라 써 보세요.

어떻게 쓸까요

🏷️ 상황에 맞는 높임말을 잘 보고 따라 써 봅니다.

안녕하세요?

안	녕	하	세	요	?			

안녕히 계세요.

안	녕	히		계	세	요	.	

다녀오겠습니다.

다	녀	오	겠	습	니	다	.	

다녀왔습니다.

다	녀	왔	습	니	다	.		

안녕히 주무세요.

| 안 | 녕 | 히 | | 주 | 무 | 세 | 요 | . | |

잘 먹겠습니다.

| 잘 | | 먹 | 겠 | 습 | 니 | 다 | . | | |

잘 먹었습니다.

| 잘 | | 먹 | 었 | 습 | 니 | 다 | . | | |

감사합니다.

| 감 | 사 | 합 | 니 | 다 | . | | | | |

죄송합니다.

| 죄 | 송 | 합 | 니 | 다 | . | | | | |

🏷 그림을 보고, 상황에 어울리는 높임말을 **보기** 에서 찾아 써 보세요.

꽃 흐리게 쓴 글자를 따라 써 보세요.

보기

| 다녀오겠습니다. | 잘 먹겠습니다. | 안녕히 주무세요. |

 잘 다녀와.

 저녁 먹자.

 잘 자라.

그림을 보고, 상황에 어울리는 높임말을 보기 에서 찾아 써 보세요.

보기

죄송합니다.　　안녕하세요?　　감사합니다.

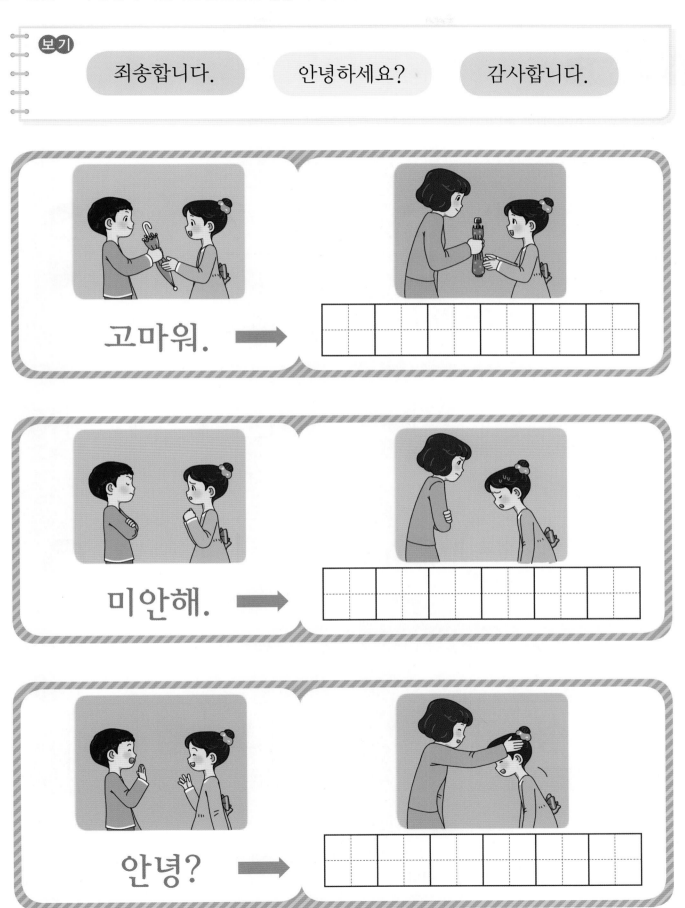

고마워. ➡

미안해. ➡

안녕? ➡

문장 부호의 이름과 쓰임 알고 쓰기

5회

🌸흐리게 쓴 글자를 따라 써 보세요.

📎 문장 부호의 쓰임을 배워 봅니다.

설명하는 문장의 끝에 씁니다.

마 침 표

묻는 문장의 끝에 씁니다.

물 음 표

부르는 말이나 대답하는 말 뒤에 씁니다.

쉼 표

느낌을 나타내는 문장의 끝에 씁니다.

느 낌 표

 '밥 먹어.'와 '밥 먹어?'처럼 같은 낱말이 쓰였어도 어떤 문장 부호를 쓰느냐에 따라 문장의 종류가 바뀌고, 읽는 방법도 달라집니다.

🖊 문장 부호를 잘 보고 문장을 따라 써 봅니다.

4
주차

1회
2회
3회
4회
5회

숙제를 해요.

숙	제	를		해	요	.		
숙	제	를		해	요		.	

아빠, 사랑해요.

아	빠	,		사	랑	해	요	.	
아	빠	,		사	랑	해	요	.	

안아 줄까?

안	아		줄	까	?			
안	아		줄	까	?			

너무 멋지다!

너	무		멋	지	다	!		
너	무		멋	지	다	!		

●흐리게 쓴 글자를 따라 써 보세요.

🏷️ ■ 안에 들어갈 문장 부호와 이름을 선으로 연결하고 따라 써 보세요.

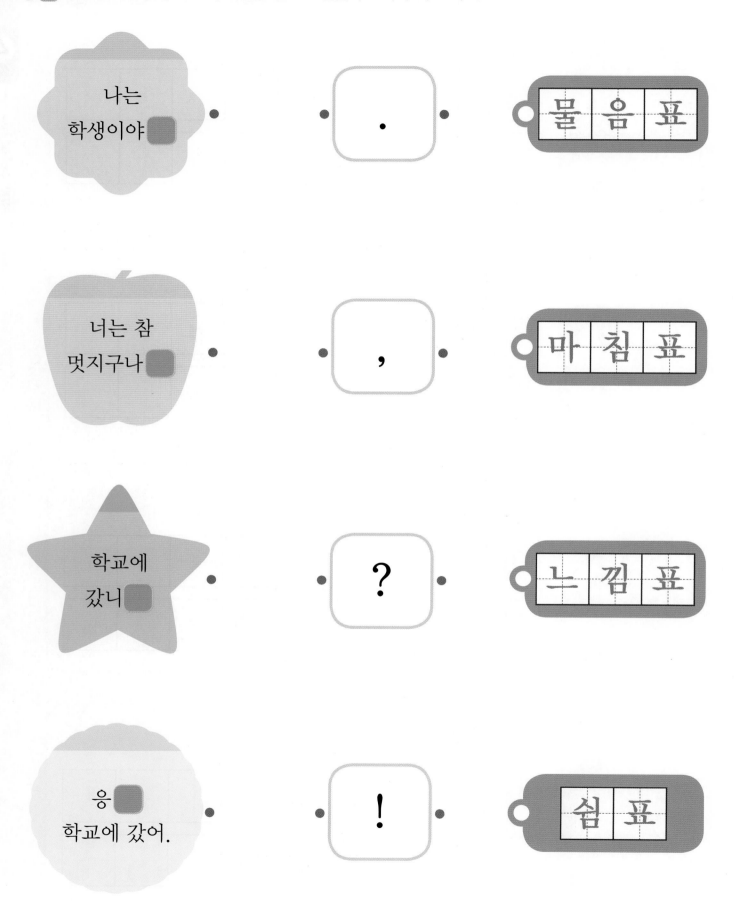

안에 들어갈 문장 부호를 보기 에서 찾아 써 보세요.

보기

| . | , | ? | ! |

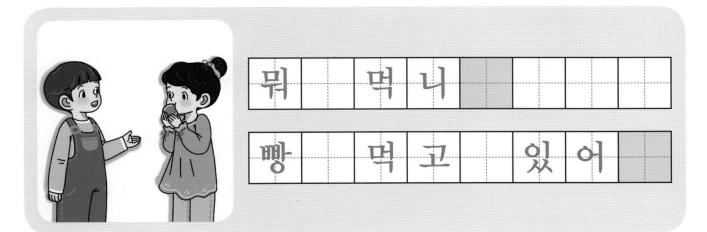

| 뭐 | | 먹 | 니 | | | | | |
| 빵 | | 먹 | 고 | | 있 | 어 | |

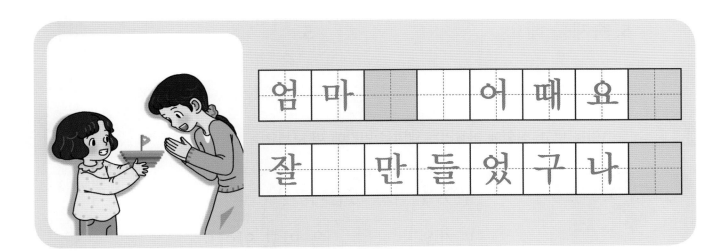

| 엄 | 마 | | | 어 | 때 | 요 | |
| 잘 | | 만 | 들 | 었 | 구 | 나 | |

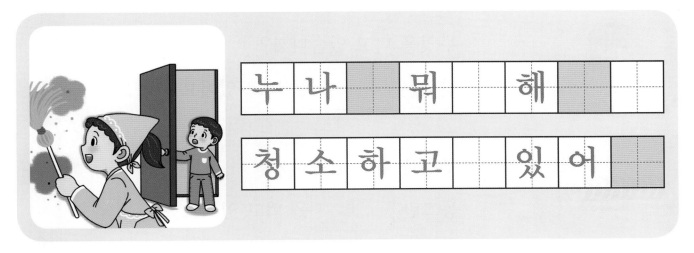

| 누 | 나 | | 뭐 | | 해 | | |
| 청 | 소 | 하 | 고 | | 있 | 어 | |

아하~ 알았어요

받아쓰기 받아쓰기가 틀린 것을 바르게 고쳐 써서 100점짜리 답안지를 만들어 주세요.

보기

~~1~~. 책쌍이 크다. → ①.책상이 크다.

시험지 채점하기

100점 만들기

1. 다녀올께. → 1.

2. 손이 예뻐요. → 2.

3. 잠이 오다. → 3.

4. 다녀와씀니다. → 4.

5. 숙제를 해요. → 5.

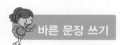 **바른 문장 쓰기** 그림을 보고, 상황에 어울리는 낱말을 빈칸에 써 보세요.

무엇을 먹고 있습니까?

뜨거운 [　][　]을 먹고 있어요.

무엇을 먹고 있습니까?

맛있는 [　][　]를 먹고 있어요.

무엇을 먹고 있습니까?

동그란 [　][　]을 먹고 있어요.

두더지 잡기

당근 밭을 망가뜨린 두더지를 잡으려고 합니다. 잡아야 하는 두더지에 ○표 하세요.

힌트: 틀린 낱말이 쓰인 옷을 입고 있는 두더지를 잡으면 됩니다.

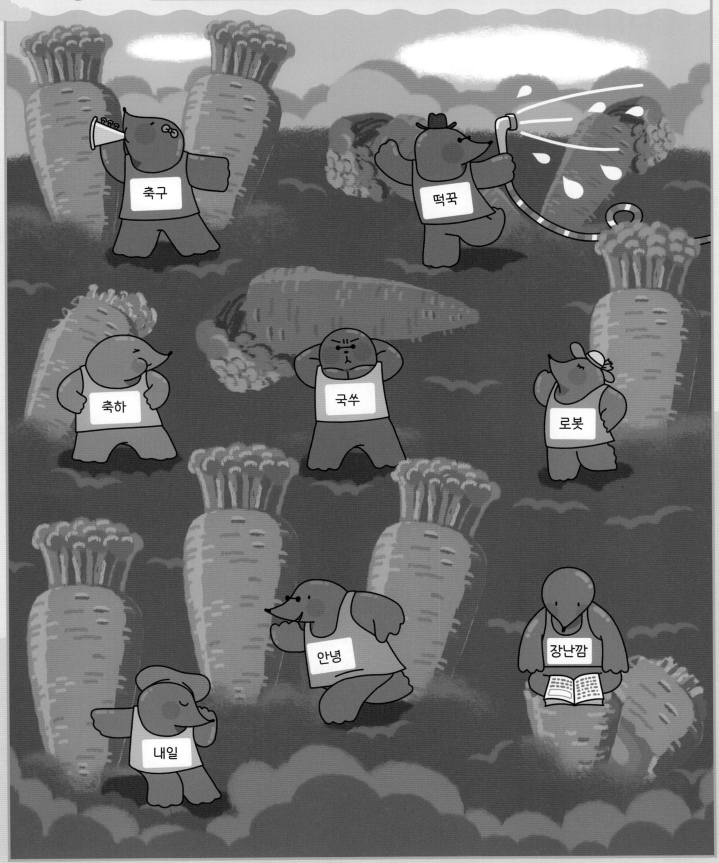

부록

반대말

 똘이야, 며칠 전 네가 빌려준 동화책 있잖아~.

응. 왜? 벌써 다 읽었어?

 ㅠㅠ 아니, 책이 너무 두꺼워서 읽을 생각을 못하겠어. 좀 가늘고 재미있는 책은 없니?

맹순~~ 책을 자세히 보면 그림이 많아서 읽는 데 시간이 많이 걸리진 않아. 아주 재미있어.

 그래도 난 가는 책이 좋은데.....

그리고 맹순아, 책은 얇다고 하는 거야. '두껍다'의 반대말은 '얇다'야!

 아~ 그래? 내가 낱말의 쓰임을 잘 몰라~~ㅋㅋ

맹순이 너 반대말 공부 좀 해야겠다.

 고마워. 그럼 우리 내일 만나자!

우리말에는 '앉다'와 '서다'처럼 **반대말이 많아요.** 선생님이 "자리에 앉아요."라고 하면 자리에서 일어서면 안 되는 것처럼요. 하지만 가끔 **반대말을 잘못 쓰는 경우가 있어요.**

글쓰기에서는 반대말을 잘 알고 **상황에 맞는 반대말을** 써야 해요.

앞	뒤	위	아래	안	밖	왼쪽	오른쪽
앉다	서다	높다	낮다	열다	닫다	펴다	접다
밝다	어둡다	감다	뜨다	묶다	풀다	끌다	밀다
가깝다	멀다	굵다	가늘다	두껍다	얇다	오르다	내리다
비다	차다	가볍다	무겁다	올라가다	내려가다	시끄럽다	조용하다

앞	뒤
앞을 보다.	뒤를 보다.

'앞'은 향하고 있는 쪽이고, '뒤'는 향하고 있는 쪽과 반대되는 쪽이에요.

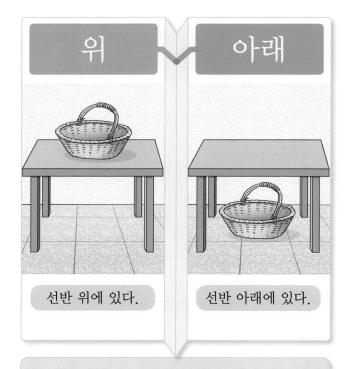

위	아래
선반 위에 있다.	선반 아래에 있다.

'위'는 어떤 기준보다 더 높은 쪽이고, '아래'는 어떤 기준보다 더 낮은 쪽이에요.

안	밖
텐트 안에 있다.	텐트 밖에 있다.

'안'은 어떤 것의 가운데로 향하는 곳이고, '밖'은 무엇에 의해 둘러싸이지 않은 곳이에요.

왼쪽	오른쪽
왼쪽으로 가다.	오른쪽으로 가다.

'왼쪽'은 북쪽으로 향해 섰을 때 서쪽이고, '오른쪽'은 북쪽으로 향해 섰을 때 동쪽이에요.

앉다	서다

의자에 앉다.

똑바로 서다.

'앉다'는 윗몸을 바로 한 상태로 엉덩이를 바닥에 붙이는 것이고, '서다'는 발을 바닥에 대고 다리를 쭉 뻗으며 몸을 곧게 하는 거예요.

높다	낮다

건물이 높다.

건물이 낮다.

'높다'는 아래에서 위까지의 길이가 긴 것이고, '낮다'는 아래에서 위까지의 길이가 짧은 거예요.

열다	닫다

창문을 열다.

창문을 닫다.

'열다'는 닫히거나 잠긴 것을 통하게 하는 것이고, '닫다'는 열린 것을 제자리로 가게 하여 막는 거예요.

펴다	접다

우산을 펴다.

우산을 접다.

'펴다'는 접힌 것을 젖혀서 벌리는 것이고, '접다'는 폈던 것을 본래의 모양으로 되게 하는 거예요.

반대말

밝다 / 어둡다

방 안이 밝다.

방 안이 어둡다.

'밝다'는 불빛 따위가 환한 것이고, '어둡다'는 빛이 없어 밝지 않은 거예요.

감다 / 뜨다

눈을 감다.

눈을 뜨다.

'감다'는 눈꺼풀을 내려 눈동자를 덮는 것이고, '뜨다'는 감았던 눈을 벌려 눈을 벌리는 거예요.

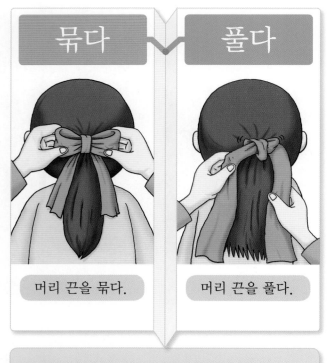

묶다 / 풀다

머리 끈을 묶다.

머리 끈을 풀다.

'묶다'는 끈이나 줄로 잡아매는 것이고, '풀다'는 묶은 것을 끌러서 원래대로 만드는 거예요.

끌다 / 밀다

가방을 끌다.

가방을 밀다.

'끌다'는 어떤 것을 손으로 잡아당기는 것이고, '밀다'는 어떤 것의 뒤에서 힘을 주어 앞으로 움직이게 하는 거예요.

가깝다 / 멀다

집에서 가깝다.

집에서 멀다.

'가깝다'는 거리가 짧은 것이고, '멀다'는 거리가 많이 떨어져 있는 거예요.

굵다 / 가늘다

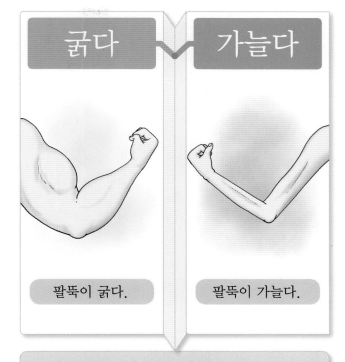

팔뚝이 굵다.

팔뚝이 가늘다.

'굵다'는 물체의 둘레가 보통보다 긴 것이고, '가늘다'는 물체의 둘레가 보통보다 짧은 거예요.

두껍다 / 얇다

책이 두껍다.

책이 얇다.

'두껍다'는 무엇의 두께가 보통보다 큰 것이고, '얇다'는 무엇의 두께가 두껍지 않은 거예요.

오르다 / 내리다

차에 오르다.

차에서 내리다.

'오르다'는 자동차 같은 탈것에 타는 것이고, '내리다'는 탈것에서 밖으로 나오는 거예요.

비다 / 차다

컵이 비다.

가득 차다.

'비다'는 어떤 것이 들어 있지 않은 것이고, '차다' 는 비어 있는 것이 가득하게 되는 거예요.

가볍다 / 무겁다

개미는 가볍다.

곰은 무겁다.

'가볍다'는 무게가 나가는 정도가 적은 것이고, '무겁다'는 무게가 나가는 정도가 큰 거예요.

올라가다 / 내려가다

계단을 올라가다.

계단을 내려가다.

'올라가다'는 아래에서 위로 가는 것이고, '내려가 다'는 위에서 아래로 가는 거예요.

시끄럽다 / 조용하다

교실이 시끄럽다.

교실이 조용하다.

'시끄럽다'는 소리가 듣기 싫을 정도로 큰 것이고, '조용하다'는 아무 소리도 없이 고요한 거예요.

1주차 내가 자주 사용하는 낱말 1

아이들이 신나게 비눗방울 놀이를 하고 있어요.
알록달록 물방울이 무지갯빛 색깔로 여기저기
날아다녀요! 무지개 색깔 참 예쁘죠?
이름을 나타내는 낱말, 흉내 내는 낱말 등 우리가
자주 사용하는 낱말들을 알아볼까요?

1회 색깔을 나타내는 낱말 쓰기
'빨간색, 노란색, 파랑색' 아니면 '빨강, 노랑, 파랑'처럼 알록달록 예쁜 색들도 이름이 있어요.

2회 소리를 흉내 내는 낱말 쓰기
고양이는 '야옹~', 강아지는 '멍멍~'처럼 주변에서 들리는 소리를 흉내 내는 낱말이 아주 많아요.

3회 모양이나 움직임을 흉내 내는 낱말 쓰기
'강아지가 꼬리를 살랑살랑 흔들어요.'처럼 모양이나 움직임을 흉내 내는 낱말을 사용하면 느낌이 훨씬 생생해져요.

4회 이름을 나타내는 낱말 쓰기
우리들에게 각자 이름이 있는 것처럼 동물이나 식물, 과일이나 야채, 생선 등에도 모두 이름이 있어요.

5회 시간을 나타내는 낱말 쓰기
아침에 한 일, 점심에 한 일, 어제 한 일 또는 내일 할 일 등 시간을 나타내는 낱말을 정확히 알고 써야 해요.

와! 무지개다.

빨간색, 주황색, 노란색, 초록색, 파란색, 남색, 보라색. 색이 참 예쁘다.

비눗방울이 둥실둥실 떠 다녀!

2주차 내가 자주 사용하는 낱말 2

아이들이 연극을 하나 봐요! 집 안에 있는 물건들을
보면서 서로 이야기하며 수를 세고 있어요.
우리가 자주 사용하는 낱말 중에서 특별한 뜻으로
쓰이는 낱말들은 무엇무엇이 있는지 알아볼까요?

1회 단위를 나타내는 낱말 쓰기
'나무 한 그루, 연필 한 자루, 운동화 한 켤레'처럼 개수를 세는 단위가 물건에 따라 달라요.

2회 사이시옷이 들어가는 낱말 쓰기
'빗물, 찻잔'처럼 낱말과 낱말을 합쳐 하나의 낱말을 만들 때 앞말의 받침에 사이시옷을 붙여 쓰는 낱말이 있어요.

3회 기분을 나타내는 낱말 쓰기
'좋아요, 슬퍼요, 기뻐요'처럼 어떤 일에 대해 생기는 마음의 상태를 나타내는 낱말이 있어요.

4회 동작을 나타내는 낱말 쓰기
'이를 닦아요', '손을 씻어요'처럼 어떤 일이나 행동을 하는 것을 나타내는 낱말이 있어요.

5회 모양이나 상태를 나타내는 낱말 쓰기
'길다, 짧다', '밝다, 어둡다'처럼 모양이나 상태를 나타내는 낱말이 있어요.

옷은 다섯 벌, 신발은 세 켤레 있네.

자동차도 한 대 있고, 나무는 두 그루 있어.

무엇을 쓸까요 **?**

학습 계획일에 맞춰 꾸준히 글쓰기를 했나요 **?**

스스로 칭찬하는 말, 격려의 말 한마디를 써 봅니다 **!**

월 일	1회 색깔을 나타내는 낱말 쓰기	☺	☹	
	어떻게 쓸까요	☺○	☹○	
	이렇게 써 봐요	☺○	☹○	
월 일	2회 소리를 흉내 내는 낱말 쓰기			
	어떻게 쓸까요	☺○	☹○	
	이렇게 써 봐요	☺○	☹○	
월 일	3회 모양이나 움직임을 흉내 내는 낱말 쓰기			
	어떻게 쓸까요	☺○	☹○	
	이렇게 써 봐요	☺○	☹○	
월 일	4회 이름을 나타내는 낱말 쓰기			
	어떻게 쓸까요	☺○	☹○	
	이렇게 써 봐요	☺○	☹○	
월 일	5회 시간을 나타내는 낱말 쓰기			
	어떻게 쓸까요	☺○	☹○	
	이렇게 써 봐요	☺○	☹○	

아하~ 알았어요! ☺ 예 ☹ 아니요

참~ 잘했어요! ☺ 예 ☹ 아니요

무엇을 쓸까요 **?**

학습 계획일에 맞춰 꾸준히 글쓰기를 했나요 **?**

스스로 칭찬하는 말, 격려의 말 한마디를 써 봅니다 **!**

월 일	1회 단위를 나타내는 낱말 쓰기			
	어떻게 쓸까요	☺○	☹○	
	이렇게 써 봐요	☺○	☹○	
월 일	2회 사이시옷이 들어가는 낱말 쓰기			
	어떻게 쓸까요	☺○	☹○	
	이렇게 써 봐요	☺○	☹○	
월 일	3회 기분을 나타내는 낱말 쓰기			
	어떻게 쓸까요	☺○	☹○	
	이렇게 써 봐요	☺○	☹○	
월 일	4회 동작을 나타내는 낱말 쓰기			
	어떻게 쓸까요	☺○	☹○	
	이렇게 써 봐요	☺○	☹○	
월 일	5회 모양이나 상태를 나타내는 낱말 쓰기			
	어떻게 쓸까요	☺○	☹○	
	이렇게 써 봐요	☺○	☹○	

아하~ 알았어요! ☺ 예 ☹ 아니요

참~ 잘했어요! ☺ 예 ☹ 아니요

쓰기가
문해력이다

1단계
초등 1~2학년 권장

정답과 해설

EBS 당신의 문해력

쓰기가

1단계

문해력
이다

1주차 정답과 해설

색깔을 나타내는 낱말 쓰기

어떻게 쓸까요?

색깔을 나타내는 낱말을 잘 보고 따라 써 봅니다.

🌟 흐리게 쓴 글자를 따라 써 보세요.

빨간색
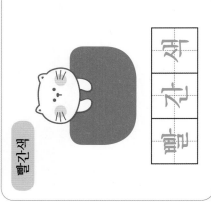

| 빨 | 간 | 색 |

파란색
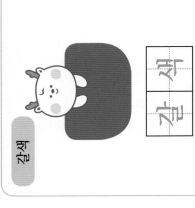

| 파 | 란 | 색 |

Tip '빨강색'이라고 쓰고 쓰면 바른 표기가 아닙니다. '빨간색'으로 표현해야 한다고 지도해 주세요.

노란색
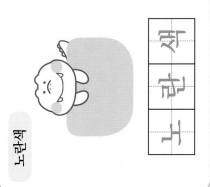

| 노 | 란 | 색 |

주황색
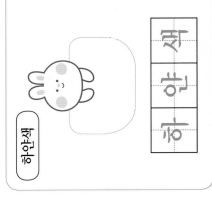

| 주 | 황 | 색 |

Tip '주황'이라고 쓰게 됩니다.

색깔을 나타내는 낱말로 '빨강', '파랑', '노랑', '검정', '하양' 등도 있습니다. '빨간색, 파란색, 노란색, 하얀색처럼 이름을 나타내는 말도 있지만 '빨갛다', '노랗다', '하얗다'처럼 상태를 나타내는 말도 있습니다.

보라색
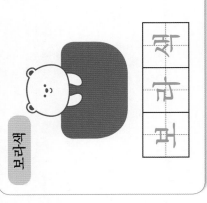

| 보 | 라 | 색 |

Tip '보라'라고 쓰게 됩니다.

초록색
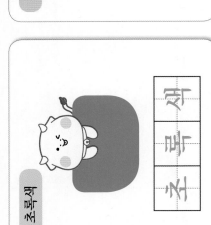

| 초 | 록 | 색 |

Tip '초록'이라고 쓰게 됩니다.

갈색

| 갈 | 색 |

분홍색

| 분 | 홍 | 색 |

Tip '분홍'이라고 쓰게 됩니다.

하얀색

| 하 | 얀 | 색 |

Tip '흰색'은 '하얀색'과 같은 뜻의 낱말입니다.

검은색

| 검 | 은 | 색 |

Tip '검은색'은 '검정'이나 '흑색'이라고도 쓰게 됩니다.

그림을 보고, 빈칸에 들어갈 색깔을 나타내는 낱말을 보기에서 찾아 세 글자로 써 보세요.

보기: 노랑 파랑 하양 초록 빨강 분홍 검정

예 보라 → 보라색

파란색 / 검은색 / 분홍색 / 빨간색 / 하얀색 / 노란색 / 초록색

어휘 써먹기

줄을 따라가 보면 이름표가 나옵니다. 이름표 안에 알맞은 과일 색을 보기에서 찾아 써 보세요.

🖐 바르게 쓴 글자를 따라 써 보세요.

보기: 보라색/보라 노란색/노랑 빨간색/빨강 초록색/초록 주황색/주황

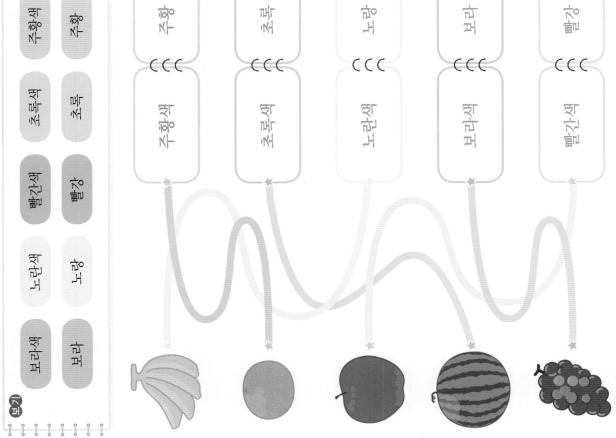

주황 / 주황색
초록 / 초록색
노랑 / 노란색
보라 / 보라색
빨강 / 빨간색

Tip 과일 색과 같은 색의 줄을 따라가 보도록 지도해 주세요.

3 정답과 해설

꼬끼오

Tip '수탉은?'- '꼬끼오'

Tip 수탉 울음 소리는 '꼬끼요'가 아니고 '꼬끼오'가 바르게 쓴 낱말입니다.

꼬	끼	오

삐악삐악

Tip '병아리는?'- '삐악삐악'

Tip 병아리 우는 소리는 '삐약삐약'이 아니고 '삐악삐악'이 바르게 쓴 낱말입니다.

삐	악	삐	악

짹짹

Tip '참새는?'- '짹짹'

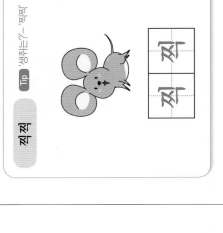

짹	짹

꽥꽥

Tip '오리는?'- '꽥꽥'

꽥	꽥

꿀꿀

Tip '돼지는?'- '꿀꿀'

꿀	꿀

찍찍

Tip '생쥐는?'- '찍찍'

찍	찍

정답과 해설 4

소리를 흉내 내는 낱말 쓰기

이렇게 쓸까요

Tip 제시된 동물 외에도 여러 동물의 소리를 흉내 내는 말을 지도해 주세요.

흐리게 쓴 글자를 따라 써 보세요.

소리를 흉내 내는 낱말을 잘 보고 따라 써 봅니다.

멍멍

Tip '강아지는?'- '멍멍'

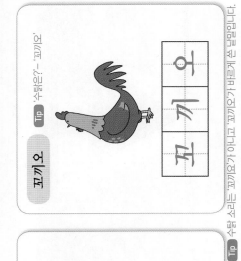

멍	멍

부엉부엉

Tip '부엉이는?'- '부엉부엉'

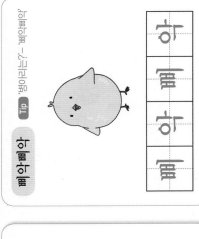

부	엉	부	엉

맴맴

Tip '매미는?'- '맴맴'

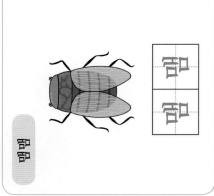

맴	맴

야옹야옹

Tip '고양이는?'- '야옹야옹'

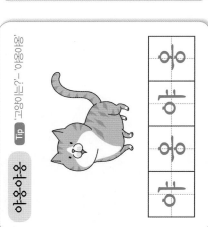

야	옹	야	옹

'매미가 운다.'라고 하는 것보다 '매미가 맴맴 운다.'라고 하면 마치 매미가 눈앞에서 우는 것처 럼 느껴집니다. 소리를 흉내 내는 말을 사용하면 느낌을 생생하게 전달할 수 있습니다.

그림을 보고, 빈칸에 들어갈 동물들이 동물의 소리를 흉내 내는 낱말을 보기에서 찾아 써 보세요.

보기
꿀꿀   꽥꽥
부엉부엉   찍찍
맴맴

부엉 부엉   맴 맴   꿀 꿀   찍 찍

● 흐리게 쓴 글자를 따라 써 보세요.

사이를 끝낸 동물들은 수건이 필요해요. 동물의 이름과 수건을 닮고 내는 소리를 보기에서 찾아 써 보세요.

보기
삐악삐악   꼬끼오   찍찍
강아지   쥐   멍멍
병아리   닭

꼬끼오 / 닭
찍찍 / 쥐
삐악삐악 / 병아리
멍멍 / 강아지

송글송글

송	글	송	글

Tip '물방울이 이들이 송글송글 맺혔어요.'

뒤뚱뒤뚱

뒤	뚱	뒤	뚱

Tip '펭귄이 뒤뚱뒤뚱 걸어요.'

반짝반짝

반	짝	반	짝

Tip '별이 반짝반짝 빛나요.'

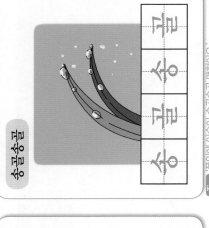

꼬물꼬물

꼬	물	꼬	물

Tip '아기 고양이들이 꼬물꼬물해요.'

살금살금

살	금	살	금

Tip '아이가 살금살금 걸어요.'

빙글빙글

빙	글	빙	글

Tip '스케이트를 타면서 빙글빙글 돌아요.'

모양이나 움직임을 흉내 내는 낱말 쓰기

1주차 3회

어떻게 쓸까요

⭐ 흐리게 쓴 글자를 따라 써 보세요.

모양이나 움직임을 흉내 내는 낱말을 잘 보고 따라 써 봅니다.

살랑살랑

살	랑	살	랑

Tip '꼬리를 살랑살랑 흔들어요.'

방긋방긋

방	긋	방	긋

Tip '아기가 방긋방긋 웃어요.'

둥실둥실

둥	실	둥	실

Tip '구름이 둥실둥실 떠가요.'

엉금엉금

엉	금	엉	금

Tip '거북이가 엉금엉금 기어요.'

모양이나 움직임을 흉내 내는 낱말은 '둥실둥실', '방긋방긋', '살금살금', '빙글빙글', '번쩍번쩍'처럼 모음자를 달리하면 모양이나 움직임을 작거나 크게 표현할 수 있습니다.

1단계 1주차 6 정답과 해설

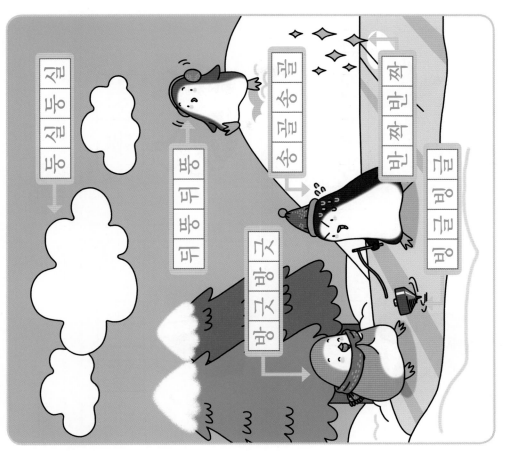

1주차 1회 2회 3회 4회 5회

그림을 보고, 빈칸에 들어갈 모양이나 움직임을 흉내 내는 낱말을 보기에서 찾아 써 보세요.

보기: 방글방글 · 반짝반짝 · 송글송글 · 방긋방긋 · 둥실둥실 · 뒤뚱뒤뚱

둥실둥실 · 뒤뚱뒤뚱 · 송글송글 · 반짝반짝 · 방긋방긋 · 방글방글

이렇게 써요

소리 내어 읽고 그림에 어울리는 낱말을 보기에서 찾아 써 보세요.

보기: 살금살금 · 엉금엉금 · 살랑살랑 · 꼬물꼬물

똑바르게 쓴 글자를 따라 써 보세요.

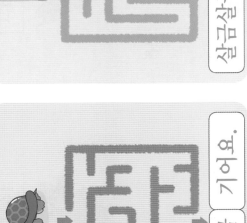
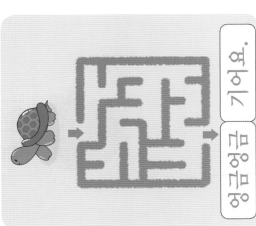

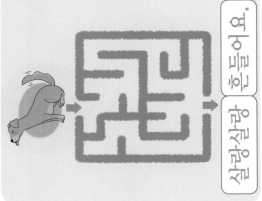

살금살금 걸어요. · 살랑살랑 흔들어요. · 엉금엉금 기어요. · 꼬물꼬물 움직여요.

이름을 나타내는 낱말 쓰기

어떻게 쓸까요

이름을 나타내는 낱말을 잘 보고 따라 써 봅니다.

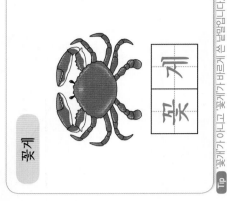
수박
수	박

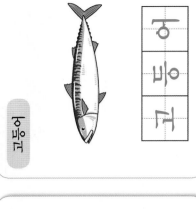
당근
당	근

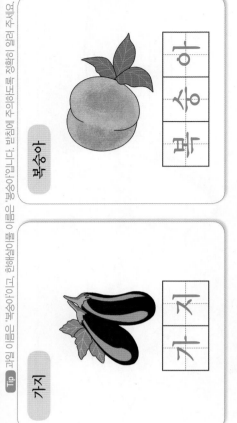
참외
참	외

딸기
딸	기

흐리게 쓴 글자를 따라 써 보세요.

우리들에게 이름이 있는 것처럼 식물이나 동물도 부르는 이름이 있어.

식물이나 동물, 물건 등이 이름을 바르게 써야 전달하려는 내용을 정확하게 전달할 수 있습니다.

복숭아에게 이름을 물어보고, 은혜와 정확히 알려 주세요.

Tip 과일 이름은 '복숭아'이고, 은혜상이름 이름은 '붕숭아'입니다. 받침에 주의하도록 일러 주세요.

복숭아
복	숭	아

꽃게
꽃	게

Tip '꼿게'가 아니고 '꽃게'가 바르게 쓴 낱말입니다.

고등어
고	등	어

Tip 가지

가지
가	지

배추
배	추

오징어
오	징	어

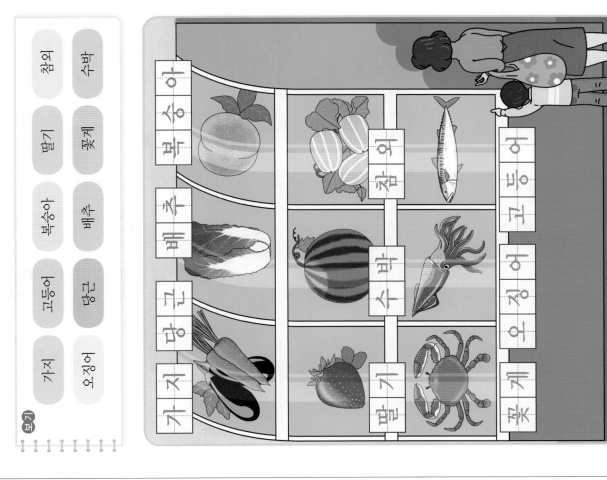

오른쪽 페이지

그림을 보고, 빈칸에 들어갈 알맞은 이름을 〈보기〉에서 찾아 써 보세요.

보기
가지　고등어　복숭아　참외
오징어　당근　배추　딸기
꽃게　수박

왼쪽 페이지

이름 쓰기

그림에 어울리는 이름을 〈보기〉에서 찾아 써 보세요.

보기
참외　오징어　복숭아　당근

🌸 바르게 쓴 글자를 따라 써 보세요.

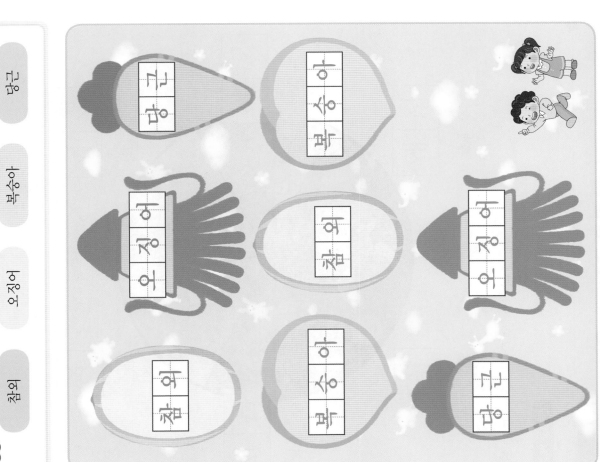

시간을 나타내는 낱말 쓰기

어떻게 쓸까요

시간을 나타내는 낱말을 잘 보고 따라 써 봅니다.

💧 흐리게 쓴 글자를 따라 써 보세요.

어제
금요일
1
어 제

오늘
토요일
2
오 늘

내일
일요일
3
내 일

Tip 작년 – 올해 – 내년에 내년은 1년을 기준으로 시간을 나타내는 낱말들입니다.

과거
과 거

현재
현 재

미래
미 래

Tip 때(시간)를 나타내는 낱말 중 달이나 계절과 관계로 나타내는 낱말에는 '봄', '여름', '가을', '겨울'이 있습니다.

12:30:45

12 시 30 분 45 초

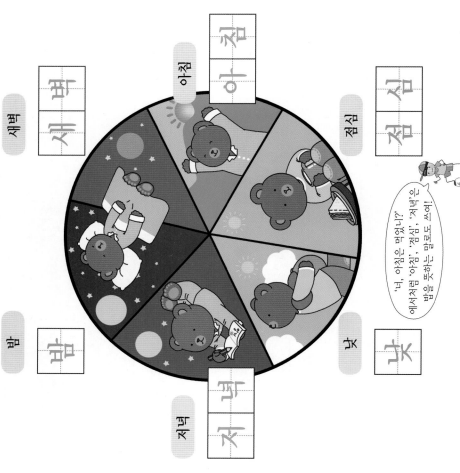

새벽
새 벽

아침
아 침

점심
점 심

밤
밤

낮
낮

저녁
저 녁

'너, 아침은 먹었니?'
에서처럼 '아침', '점심', '저녁'은
밥을 뜻하는 말로도 쓰여요.

'1월', '2월', '3월', '3시', '6시' 등과 같이 달이나 시간과 관련된 '다음날', '지난주' 등도 시간을
나타내는 말입니다.

5회

그림에 어울리는 낱말을 보기에서 찾아 써 보세요.

보기: 어제 · 내일 · 과거 · 미래

내일 / 어제

Tip 화요일(5일)은 오늘을 기준으로 '어제'라고 합니다. 토요일(9일)은 오늘을 기준으로 모레입니다.

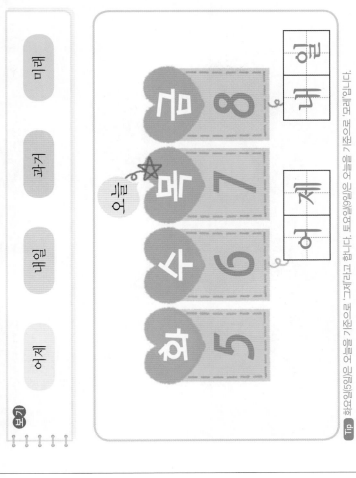

미래 / 현재 / 과거

그림에 어울리는 시간(때)을 나타내는 낱말을 보기에서 찾아 써 보세요.

🖋 바르게 쓴 글자를 따라 써 보세요.

보기: 낮 · 저녁 · 밤 · 아침

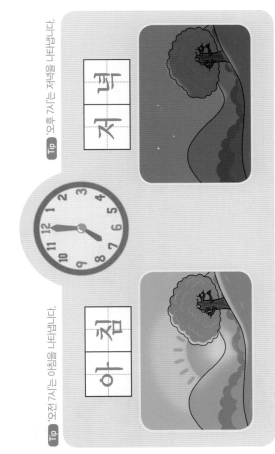

아침 / 저녁

Tip '오전 7시'는 아침을 나타냅니다.
Tip '오후 7시'는 저녁을 나타냅니다.

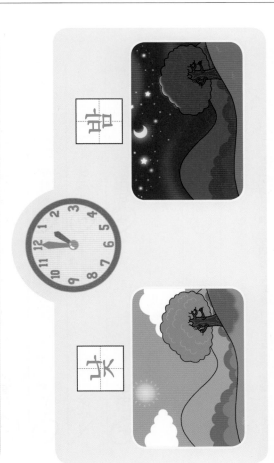

낮 / 밤

참 잘했어요

색칠하기

태양계로 우주 여행을 간 친구들과 태양, 지구를 무지개색을 사용하여 예쁘게 색칠해 주세요.

힌트: 무지개색은 빨간색, 주황색, 노란색, 초록색, 파란색, 남색, 보라색입니다.

해설 | 무지개 색을 이용해 아이들이 마음껏 창의적으로 성취해보도록 지도해 주세요.

아하! 알았어요

받아쓰기

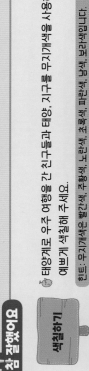

받아쓰기가 틀린 것을 바르게 고쳐 써서 100점짜리 답안지를 만들어 주세요.

보기

X. 맴맴 → 1.맴맴 → 2.참외 → 2.참외

시험지 채점하기 → 100점 만들기

시험지		100점 만들기
1. 파란색	→	1. 파란색
2. 주왕색	→	2. 주황색
3. 죠록색	→	3. 초록색
4. 뻬악뻬악	→	4. 삐악삐악
5. 꽃개	→	5. 꽃게

해설 | '주황색', '꽃게'가 바른 표기입니다.

바른 문장 쓰기

첫 글자를 보고, 그림 속 동물의 모습을 흉내 내는 낱말을 써 보세요.

오리가 **뒤 뚱 뒤 뚱** 걸어가요.

해설 | 모양이나 상태를 흉내 내는 말을 의성어로 말을 의성어를 흉내 내는 낱말을 의태어라고 합니다. '뒤뚱뒤뚱'은 몸이 이리저리 기울어지며 걷는 모양을 나타냅니다.

하늘에서 별이 **반 짝 반 짝** 빛나요.

해설 | '반짝반짝'은 빛이 나타났다가 사라졌다가 하는 모양을 나타냅니다.

고양이가 **살 금 살 금** 걸어가요.

해설 | '살금살금'은 남이 알아차리지 못하도록 살며시 행동하는 모양을 나타냅니다.

쓰기가
문해력이다

1단계

2주차 정답과 해설

단위를 나타내는 낱말 쓰기

1회 2주차

어떻게 쓸까요

⬥ 단위를 나타내는 낱말을 잘 보고 따라 써 봅니다.

❀ 흐리게 쓴 글자를 따라 써 보세요.

명 사람을 세는 단위

명

벌 옷을 세는 단위

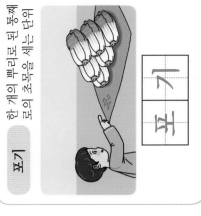

벌

대 차나 기계 따위를 세는 단위

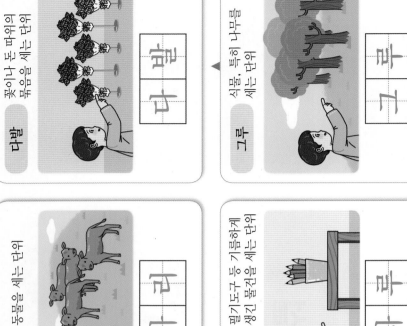

대

권 책을 세는 단위

권

Tip 단위를 나타내는 낱말의 쓰임을 익힐 수 있도록 지도해 주세요. 예를 들어, 사람이 모두 몇 명인지 묻고 사람이 네 명 있었요.'라고 대답하도록 해 주세요.

Tip '피아노 한 대, 자전거 두 대' 등에 쓰입니다.

시간을 나타내는 '12시 10분 5초'의 '시', '분', '초', 날짜를 나타내는 '1월 1일'의 '월'과 '일' 등도 단위를 나타내는 낱말입니다.

쓰기가 문제없다

다발 꽃이나 도 따위의 묶음을 세는 단위

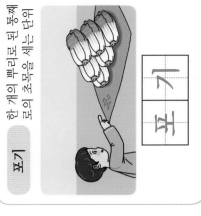

다 발

그루 식물, 특히 나무를 세는 단위

그 루

포기 한 개의 뿌리로 된 통째로의 초목을 세는 단위

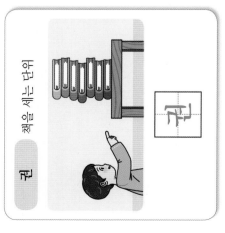

포 기

마리 동물을 세는 단위

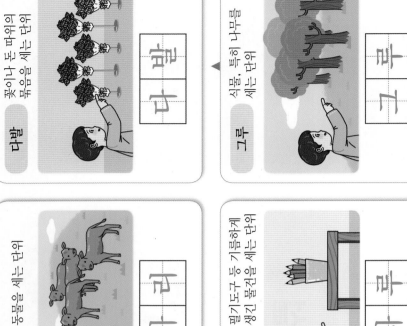

마 리

자루 필기도구 등 기름하게 생긴 물건을 세는 단위

자 루

켤레 신발이나 양말 등을 한 단위로 세는 단위

켤 레

Tip 풀 한 포기, 벼 포기' 등에 쓰입니다.

Tip 신발, 양말 외에도 버선, 장갑 등 짝이 되는 두 개를 한 단위로 셀 때 쓰이는 단위입니다.

그림 속에 있는 물건의 개수를 세어 보고 (보기)에서 알맞은 단어를 찾아 함께 써 보세요.

보기: 대 포기 그루 명 정례

그림 속에는 나무 세 [그]루,

자동차 한 [ ]대, 사람 두 [ ]명

배추 일곱 [ ]포기,

신발 두 [ ]켤례가 있습니다.

이야기로 배우기

그림을 보고, 물건의 단위를 나타내는 말을 (보기)에서 찾아 써 보세요.

보기: 권 다발 벌 마리 자루

➡ 바르게 쓴 글자를 따라 써 보세요.

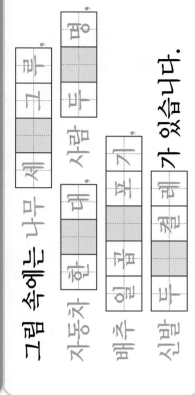

·옷 네 [ ]벌 ·연필 네 자루 ·책 여섯 권

·꽃 세 [ ]다발 ·햄스터 다섯 마리

Tip 수량을 나타내는 말과 단위를 나타내는 말은 띄어 쓰는 것이 원칙입니다. 다만 수량을 숫자로 나타내어 옷 4벌, 연필 4자루, 책 6권 등으로 쓸 때에는 숫자와 단위를 붙여 씁니다.

사이시옷이 들어가는 낱말 쓰기

어떻게 쓸까요

바르게 쓴 글자를 따라 써 보세요.

사이시옷이 들어가는 낱말을 소리 내어 읽어 보고 따라 써 봅니다.

빗물

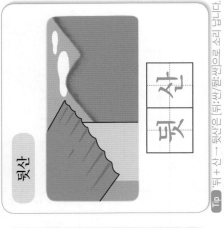

빗물

Tip '비 + 물 → 빗물'은 [빈물]로 소리 납니다.

나뭇잎

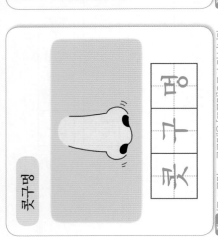

나뭇잎

Tip '나무 + 잎 → 나뭇잎'은 [나문닙]으로 소리 납니다.

시냇물

시냇물

Tip '시내 + 물 → 시냇물'은 [시ː낸물]로 소리 납니다.

수돗물

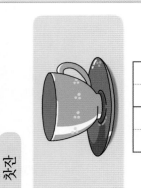

수돗물

Tip '수도 + 물 → 수돗물'은 [수돈물]로 소리 납니다.

'나무'와 '잎'이 만나 하나의 낱말을 이루면 낱말과 낱말 사이에 사이에 사이시옷(ㅅ)을 붙입니다. 이처럼 사이시옷이 들어간 낱말은 모두 낱말과 낱말이 합쳐진 낱말입니다.

뒷산

뒷산

Tip '뒤 + 산 → 뒷산'은 [뒤ː싼/뒫ː싼]으로 소리 납니다.

콧구멍

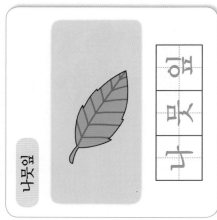

콧구멍

Tip '코 + 구멍 → 콧구멍'은 [코꾸멍/콛꾸멍]으로 소리 납니다.

바닷가

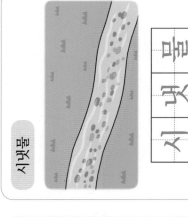

바닷가

Tip '바다 + 가 → 바닷가'는 [바다까/바닫까]로 소리 납니다.

등굣길

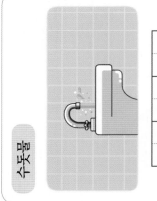

등굣길

Tip '등교 + 길 → 등굣길'은 [등교낄/등굗낄]로 소리 납니다.

비눗방울

비눗방울

Tip '비누 + 방울 → 비눗방울'은 [비누빵울/비눋빵울]로 소리 납니다.

찻잔

찻잔

Tip '차 + 잔 → 찻잔'은 [차짠/찯짠] 천짠으로 소리 납니다.

빈칸에 들어갈 알맞은 낱말을 보기에서 찾아 써 보세요.

보기
등굣길 찻잔 나뭇잎 바닷가

미술 시간에 가을 풍경을 담은 그림을 그리기 위해 [등굣길]에 다양한 모양의 [나뭇잎]을 주워서 학교에 갔다. [찻잔]에서 찻잎을 듣고 갈매기름 바라보는 엄마의 모습을 그리고 주위 온 [나뭇잎]으로 가을 느낌이 나도록 꾸몄다.

어휘 쌓기

두 낱말 사이에 사이시옷이 들어가 만들어진 낱말을 빈칸에 써 보세요.

◈ 흐리게 쓴 글자를 따라 써 보세요.

비 + ㅅ + 물 → 빗물

수도 + ㅅ + 물 → 수돗물

시내 + ㅅ + 물 → 시냇물

등교 + ㅅ + 길 → 등굣길

코 + ㅅ + 구멍 → 콧구멍

비누 + ㅅ + 방울 → 비눗방울

TIP 'ㅅ'은 소리 내어 읽을 때 짧게 소리 나는 것입니다.

사이시옷이 들어가면 'ㅅ', 'ㄴ'으로 소리나므로 [빈물], [수돈물], [시:낸물]로 읽어야 해.

사이시옷이 들어가면 'ㅅ' 다음에 오는 많은 글은 거센소리가 나도록 해서 [등교낄/등굣낄], [코꾸멍], [비누빵울/비눋빵울]로 읽어야 해.

놀라다
놀 라 다

속상하다
속 상 하 다

심심하다
심 심 하 다

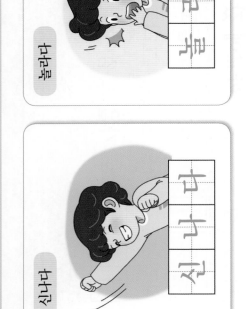

신나다
신 나 다

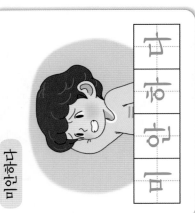

지루하다
지 루 하 다

미안하다
미 안 하 다

3회 2주차

기분을 나타내는 낱말 쓰기

어떻게 쓸까요

흐리게 쓴 글자를 따라 써 보세요.

기분을 나타내는 낱말을 잘 보고 따라 써 봅니다.

무섭다
무 섭 다

즐겁다
즐 겁 다

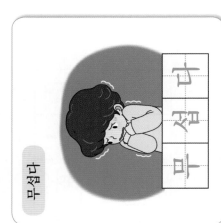
화나다
화 나 다

슬프다
슬 프 다

어떤 일에 대해 생기는 마음의 상태를 기분이라고 합니다. 우리가 생활하면서 자주 사용하는 '즐거워요', '무서워요', '슬퍼요', '화나요', '속상해요', '놀라요', '기뻐요', '외로워요', '심심해요' 등의 표현도 기분을 나타내는 낱말입니다.

◉ 그림에 나타난 아이의 기분과 어울리는 낱말들을 보기 에서 찾아 써 보세요.

보기

슬프다   놀라다   화나다   신나다

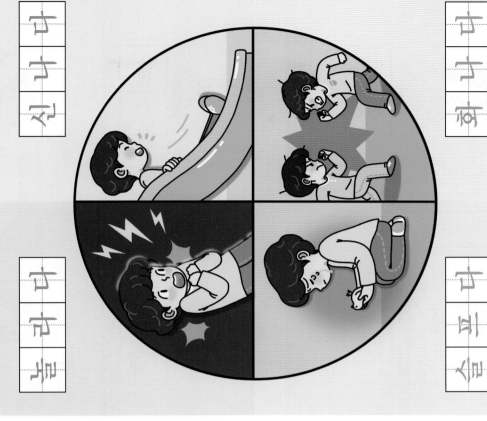

신	나	다

화	나	다

놀	라	다

슬	프	다

◉ 그림을 보고 아이의 기분을 나타내는 말을 보기 에서 찾아 써 보세요.

✿ 흐리게 쓴 글자를 따라 써 보세요.

보기

즐거워요   미안해요   무서워요   화나요   슬퍼요

속상해요   지루해요   신나요   심심해요

슬퍼요

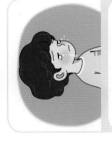 

화나요

지루해요

신나요

무서워요

미안해요

즐거워요

심심해요

속상해요

웃다

| 웃 | 다 |

걷다

| 걷 | 다 |

춤추다

| 춤 | 추 | 다 |

울다

| 울 | 다 |

달리다

| 달 | 리 | 다 |

흔들다

| 흔 | 들 | 다 |

2주차

4회

동작을 나타내는 낱말 쓰기

어떻게 쓸까요

● 동작을 나타내는 낱말을 잘 보고 따라 써 봅니다.

★ 흐리게 쓴 글자를 따라 써 보세요.

마시다

| 마 | 시 | 다 |

씻다

| 씻 | 다 |

먹다

| 먹 | 다 |

닦다

| 닦 | 다 |

동작을 나타내는 낱말은 날마다 하는 일이나 행동을 표현하는 낱말입니다. 우리가 생활하면서 자주 사용하는 낱말이고, '먹어요', '쎄요', '닦아요', '뛰어요', '웃어요', '울어요', '달려요', '씻어요', '흔들어요', '걸어요' 등의 표현도 동작을 나타내는 말입니다.

동물이 하는 동작에 어울리는 말을 보기 에서 찾아 써 보세요.

보기

| 씻다 | 마시다 | 걷다 |
| 흔들다 | 달리다 | 춤추다 |

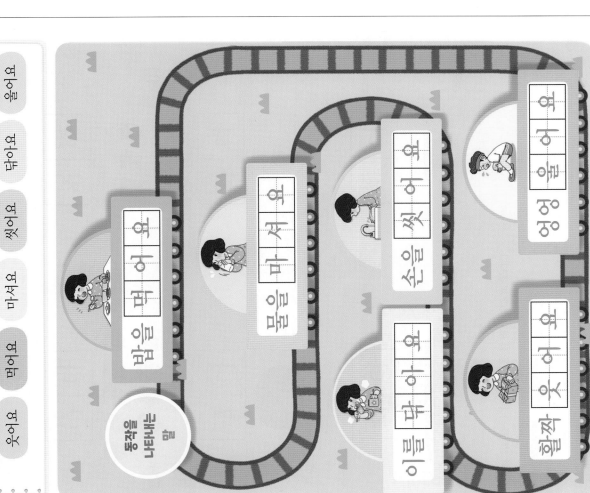

걷다

달리다

춤추다 → 마시다

흔들다

씻다

그림을 보고, 아이의 동작을 나타내는 말을 보기 에서 찾아 써 보세요.

🔶 흐리게 쓴 글자를 따라 써 보세요.

보기

| 웃어요 | 먹어요 | 마셔요 | 씻어요 | 닦아요 | 울어요 |

동작을
나타내는
말

밥을 먹어요

물을 마셔요

손을 씻어요

이를 닦아요

활짝 웃어요

엉엉 울어요

5회 2주차

어떻게 쓸까요

모양이나 상태를 나타내는 낱말 쓰기

모양이나 상태를 나타내는 낱말을 잘 보고 따라 써 봅니다.

바르게 쓴 글자를 따라 써 보세요.

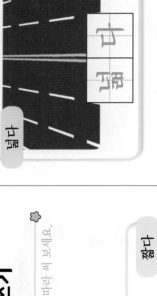

길다
| 길 | 다 |

짧다
| 짧 | 다 |

크다
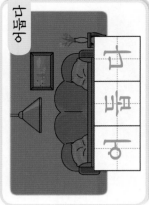
| 크 | 다 |

작다
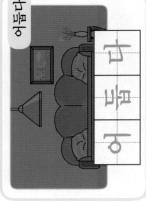
| 작 | 다 |

많다
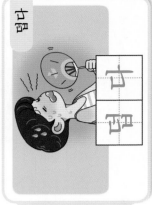
| 많 | 다 |

적다

| 적 | 다 |

넓다
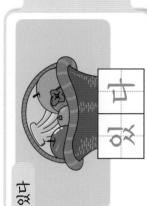
| 넓 | 다 |

좁다
| 좁 | 다 |

밝다
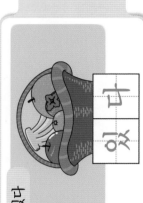
| 밝 | 다 |

어둡다
| 어 | 둡 | 다 |

춥다
| 춥 | 다 |

덥다
| 덥 | 다 |

있다
| 있 | 다 |

없다
| 없 | 다 |

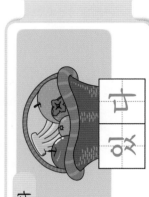
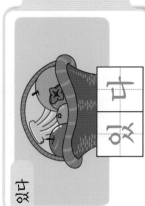

'길다-짧다', '크다-작다', '많다-적다', '넓다-좁다', '밝다-어둡다', '춥다-덥다', '있다-없다' 등은 서로 반대되는 뜻을 가지고 있는 낱말입니다.

그림을 보고, 그림에 어울리는 낱말을 보기에서 찾아 써 보세요.

보기

| 있다 | 밝다 | 넓다 |
| 좁다 | 없다 | 어둡다 |

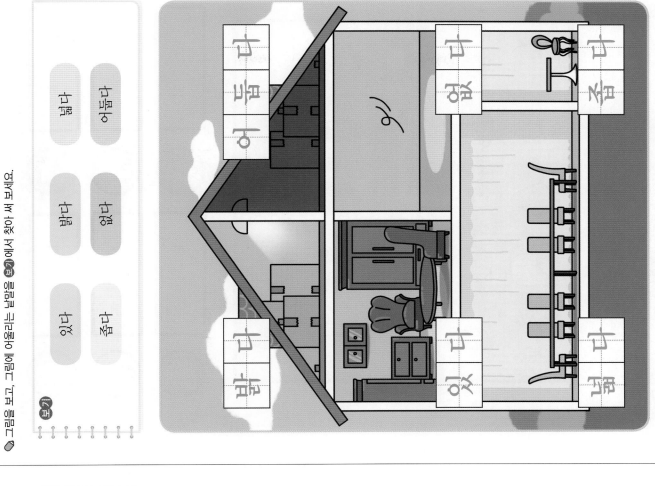

어둡다 · 없다 · 좁다 · 밝다 · 있다 · 넓다

🔶 순서에 쓴 글자를 따라 써 보세요.

그림을 보고, 모양이나 상태를 나타내는 말을 보기에서 찾아 써 보세요.

보기

| 작아요 | 커요 | 길어요 | 짧아요 |
| 많아요 | 주워요 | 더워요 | 적어요 |

커요 → 작아요

주워요 → 더워요

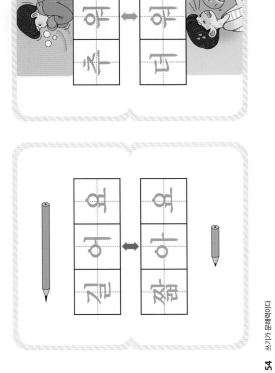

많아요 → 적어요

길어요 → 짧아요

같은 그림 찾기

같은 그림이 몇 개씩 있는지 찾아보세요.

조건: 5분 안에 같은 그림을 찾아보세요.

7(일곱) 개	2(두) 개
3(세) 포기	5(다섯) 개
4(네) 마리	1(한) 개

해설 | 과일과 채소를 세는 단위는 '개'입니다. 배추를 세는 단위는 '포기', 꽃게를 세는 단위는 '마리'입니다.

어휘랑 알아봐요

받아쓰기 받아쓰기가 틀린 것을 바르게 고쳐 써서 100점짜리 답안지를 만들어 주세요.

보기
차. 코물을 닦다. → ① 콧물을 닦다.

시험지 채점하기 → **100점 만들기**

1. 운동화 한 켤레 → ① 운동화 한 켤레
2. 비눗방울 놀이를 해요. → ② 비눗방울 놀이를 해요.
3. 친구에게 미안하다. → ③ 친구에게 미안하다.
4. 운동장을 걷다. → ④ 운동장을 걷다.
5. 길이가 짧다. → ⑤ 길이가 짧다.

해설 | 운동화나 신발을 세는 단위는 '켤레'입니다. '길이가 길다'의 반대말은 '길이가 짧다'입니다. '짧다'는 [짤따]로 소리 납니다.

바른 문장 쓰기 그림을 보고, 단위를 나타내는 말을 빈칸에 써 보세요.

정원에 나무 다섯 그루 가 있다.

어항에 물고기 일곱 마리 가 있다.

책상 위에 책 세 권 이 있다.

해설 | 나무를 세는 단위는 '그루'이고, 동물을 세는 단위는 '마리', 책을 세는 단위는 '권'입니다.

1단계

쓰기가
문해력
이다

3주차 정답과 해설

천천히
천 천 히 걷다.

조용히
조 용 히 있다.

나란히
나 란 히 앉다.

깨끗이
깨 끗 이 씻다.

따뜻이
따 뜻 이 입다.

반듯이
반 듯 이 두다.

Tip 예외적인 경우도 있지만 보통 'ㅅ'으로 끝나는 말 뒤에는 '-이'를 씁니다.

Tip '비뚤어지거나 기울지 않고 바르다.'라는 뜻일 때는 '반듯이'라고 쓰고, '틀림없이, 꼭.'의 뜻일 때는 '반드시'를 씁니다.

'이'와 '히'가 헷갈리는 낱말 쓰기

어떻게 쓸까요

● '이'와 '히'가 헷갈리는 낱말들을 잘 보고 따라 써 봅니다.

◆ 바르게 쓴 글자를 따라 써 보세요.

열심히
열 심 히 타다.

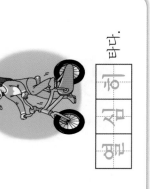

쓸쓸히
쓸 쓸 히 떠나다.

가까이
가 까 이 지내다.

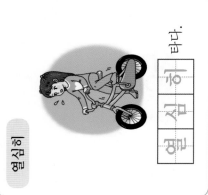

촘촘이
촘 촘 이 나오다.

발음을 할 때 끝 글자가 '가까이', '촘촘이'처럼 '이'로만 나는 것은 '-이'로 쓰고, '쓸쓸히'처럼 '이'로만 나거나 '히'로 나는 것은 '-히'로 씁니다.

그림에 어울리는 낱말을 [보기]에서 찾아 써 보세요.

[보기] 나란히 반듯이 조용히 가까이 천천히 깨끗이

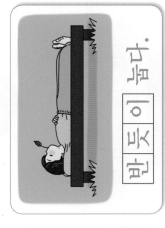

반듯이 눕다.

나란히 놓다.

가까이 보다.

깨끗이 닦다.

천천히 움직이다.

조용히 말하다.

이해 쓰기 마당

[보기]의 낱말에서 빠진 '이'와 '히'를 써 넣어 각각의 자리에 나누어 써 보세요.

[보기] 열심○ 깨끗○ 천천○ 조용○ 반듯○ 가까○ 쓸쓸○ 나란○ 따뜻○

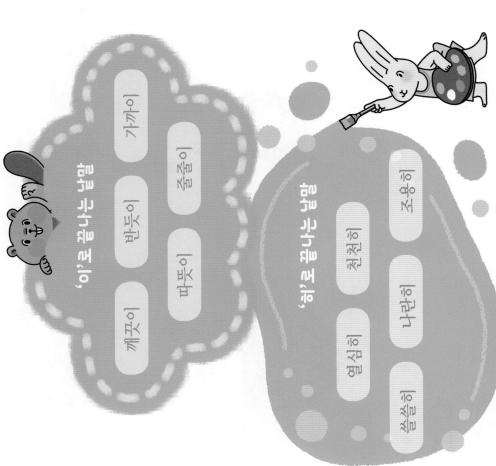

'이'로 끝나는 낱말
가까이 반듯이 쫄쫄이 깨끗이 따뜻이

'히'로 끝나는 낱말
조용히 천천히 나란히 열심히 쓸쓸히

↳ 흐리게 쓴 글자를 따라 써 보세요.

3주차 [3] 1회 2회 3회 4회 5회

다치다

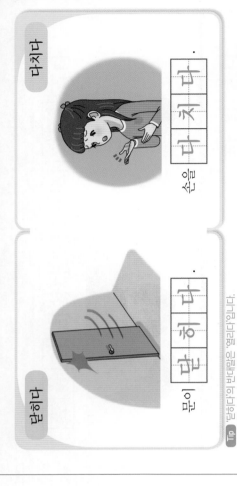

손을 | 다 | 치 | 다 | .

닫히다

문이 | 닫 | 히 | 다 | .

> Tip '닫히다'의 반대말은 '열리다'입니다.

느리다

걸음이 | 느 | 리 | 다 | .

늘이다

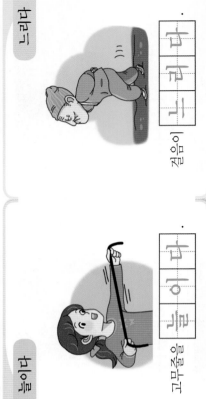

고무줄을 | 늘 | 이 | 다 | .

> Tip '학생 수를 늘리다.', '늘리다'는 '늘어 0에 써요.'처럼 쓰임이 헷갈리는 낱말도 설명해 주세요.

짓다

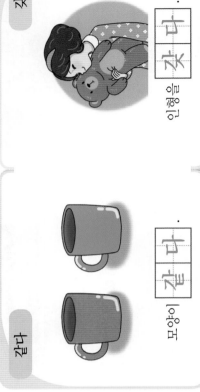

인형을 | 짓 | 다 | .

같다

모양이 | 같 | 다 | .

> Tip '같다'의 반대말은 '틀리다'가 아니고 '다르다'입니다.

3주차 2회

쓰임이 헷갈리는 낱말 쓰기 1

어떻게 쓸까요

◆ 쓰임이 헷갈리는 낱말을 잘 보고 따라 써 봅니다.

🌟 바르게 쓴 글자를 따라 써 보세요.

짓다

집을 | 짓 | 다 | .

짖다

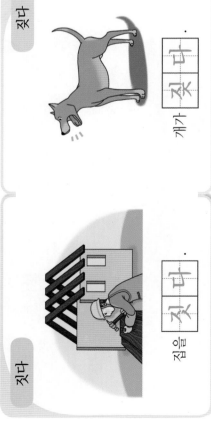

개가 | 짖 | 다 | .

> Tip '집을 짓다.'와 '개가 짖다.'처럼 소리가 비슷하더라도 앞에 오는 말을 통해 뜻을 구별할 수 있습니다.

낫다

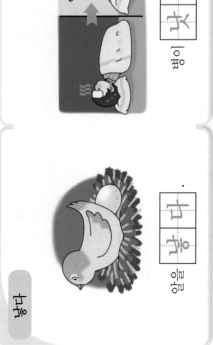

병이 | 낫 | 다 | .

낳다

알을 | 낳 | 다 | .

> Tip 왼쪽 그림에 어울리는 '병이 낫다'에 쓰이는 '낫다'는 '잊다'에 쓰이는 '잊다'는 상시옷(ㅅ) 받침을 씁니다.

'신발을 잃어버리다.', '약속을 잊어버리다.'에 쓰인 '잃어버리다'와 '잊어버리다'도 가졌던 물건을 잃어버린 것으로, 상황에 맞게 맞춤 뜻을 잘 구별해서 써야 합니다.

그림에 어울리는 낱말을 보기에서 찾아 빈칸에 써 보세요.

보기

느리다	다치다	짖다	갈다

옷 색깔이 갈다.

발을 다치다.

움직임이 느리다.

개가 짖다.

어휘 써 보기

그림을 보고, 빈칸에 공통으로 들어갈 낱말을 보기에서 찾아 써 보세요.

보기

짓다	갈다	낳다	느리다

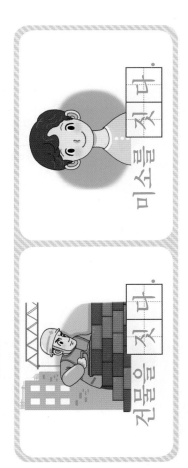

미소를 짓다.

건물을 짓다.

거북이는 느리다.

달팽이는 느리다.

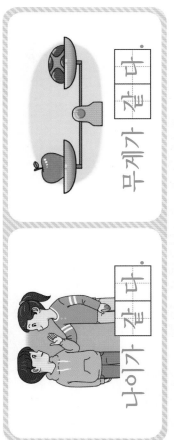

무게가 갈다.

나이가 갈다.

똑바르게 쓴 글자를 따라 써 보세요.

틀리다

Tip 같지 않고 차이가 있는 것은 '다르다'라고 씁니다. 사실이나 답 등이 맞지 않는 것은 '틀리다'라고 씁니다.

1 + 2 = 5

계산이 틀 리 다 .

다르다

우리는 다 르 다 .

마치다

Tip 어떤 기준이나 정도에 맞게 하는 것은 '맞추다'라고 씁니다. 하던 일이나 과정을 끝내는 것은 '마치다'라고 씁니다.

수업을 마 치 다 .

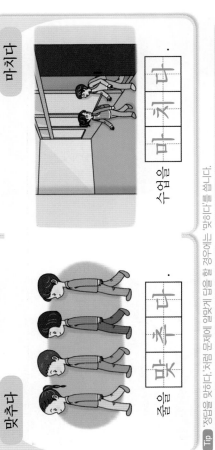

맞추다

Tip '정답을 맞히다.'처럼 문제에 알맞게 답을 할 경우에는 '맞히다'를 씁니다.

줄을 맞 추 다 .

가리키다

Tip 지식이나 기술을 알게 하는 것은 '가르치다'이고, 손가락으로 무엇이 있는 방향 등을 보게 하는 것은 '가리키다'입니다.

기린을 가 리 키 다 .

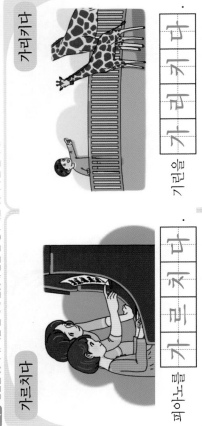

가르치다

피아노를 가 르 치 다 .

쓰임이 헷갈리는 낱말 쓰기 2

3주차 3회

이렇게 쓸까요

쓰임이 헷갈리는 낱말을 잘 보고 따라 써 봅니다.

★ 흐리게 쓴 글자를 따라 써 보세요.

피다

꽃이 피 다 .

펴다

이불을 펴 다 .

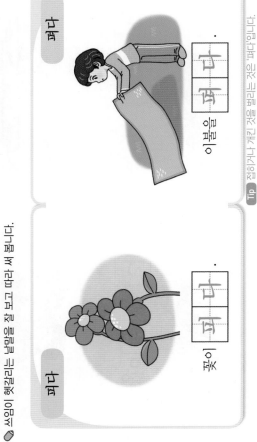

매다

신발 끈을 매 다 .

메다

가방을 메 다 .

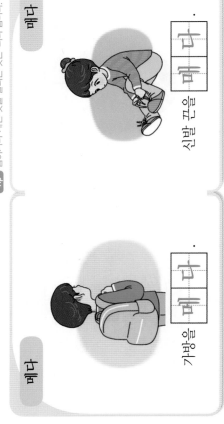

Tip 접히거나 개킨 것을 벌리는 것은 '펴다'입니다.

'금붕어를 강물에 버리다.', '입을 크게 벌리다.', '생일잔치를 벌이다.'에 쓰인 '버리다', '벌리다', '벌이다'도 상황에 맞게 구별해서 써야 합니다.

이해력쑥쑥

빈칸에 들어갈 낱말을 보기에서 찾아 써 보세요.

보기: 매다 매다 다르다 틀리다

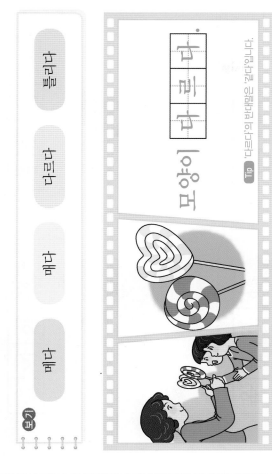

모양이 **다 르 다**

Tip 다르다의 반대말은 같다입니다.

일기에보가 **틀 리 다**

Tip 틀리다의 반대말은 맞다입니다.

끈을 **매 다**

어휘력쑥쑥

◈ 흐리게 쓴 글자를 따라 써 보세요.

낚싯줄에 걸린 말과 같은 색의 물고기를 찾아 줄을 긋고, 보기에서 알맞은 낱말을 찾아 써 보세요.

보기: 피다 파다 다르다 매다

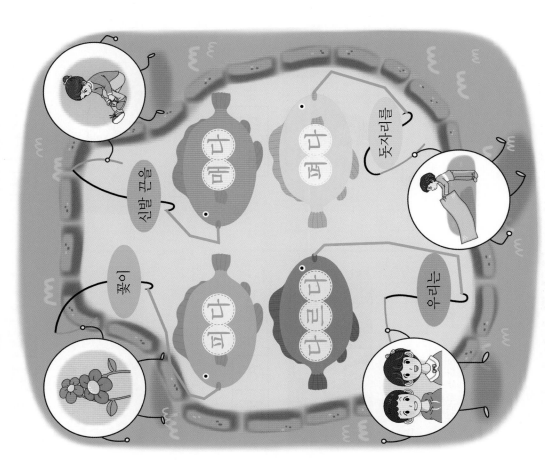

따뜻한

따 뜻 한 이불

빠른

빠 른 자동차

달콤한

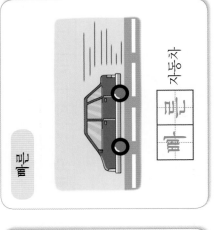

달 콤 한 초콜릿

시원한

시 원 한 바람

뚱뚱한

뚱 뚱 한 사람

싱싱한

싱 싱 한 생선

3주차 4회

꾸며 주는 낱말 쓰기 1

이렇게 쓸까요

꾸며 주는 낱말을 잘 보고 따라 써 봅니다.

🌸 흐리게 쓴 글자를 따라 써 보세요.

예쁜

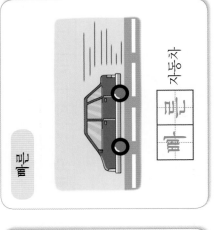

예 쁜 인형

차가운

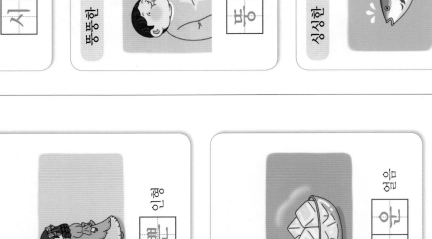

차 가 운 얼음

귀여운

귀 여 운 토끼

동그란

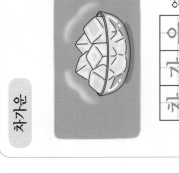

동 그 란 방석

문장의 짜임 중 '어떤'과 '무엇이'에서 '어떤'에 해당하는 부분에 꾸며 주는 말을 씁니다. 꾸며 주는 말은 상태나 모양을 나타내는 말로, 뒤에 오는 말을 꾸며 주어 그 뜻을 자세하게 해 줍니다.

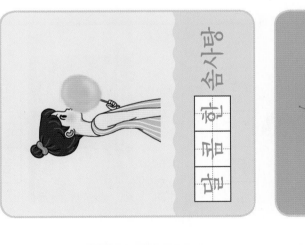

주차 3

 1회 2회 3회 **4회** 5회

◈ 그림에 어울리는 낱말을 〈보기〉에서 찾아 써 보세요.

〈보기〉 귀여운 · 둥그런 · 싱싱한 · 예쁜

예 쁜 모자

싱 싱 한 과일

둥 그 런 안경

귀 여 운 강아지

이휘 써 보기

◈ 그림에 어울리는 낱말을 〈보기〉에서 찾아 써 보세요.

◈ 바르게 쓴 글자를 따라 써 보세요.

〈보기〉 달콤한 · 차가운 · 따뜻한 · 뚱뚱한

달 콤 한 솜사탕

차 가 운 빙수

뚱 뚱 한 돼지

따 뜻 한 목도리

멀리

멀 리 던지다.

놀이

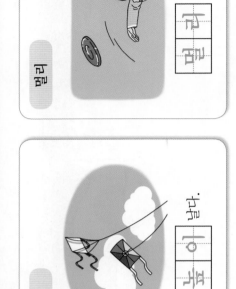

놀 이 납니다.

힘껏

힘 껏 굴리다.

활짝

활 짝 열다.

캥거루

캥 거 루 서다.

Tip 힘껏'은 있는 힘을 다하는 상태를 말합니다.

깜짝

깜 짝 놀라다.

꾸며 주는 낱말 쓰기 2

어떻게 쓸까요

● 꾸며 주는 낱말을 잘 보고 따라 써 봅니다.

🖐 흐리게 쓴 글자를 따라 써 보세요.

몹시

몹 시 춥다.

함께

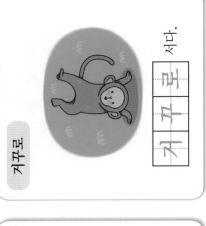

함 께 놀다.

엄청

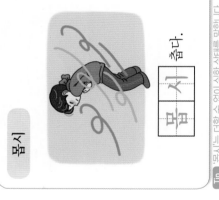

엄 청 크다.

Tip '몹시'는 더할 수 없이 심한 상태를 말합니다.

몰래

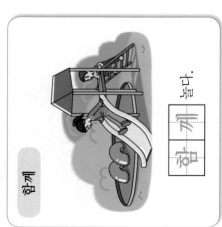

몰 래 엿듣다.

Tip '엄청'은 양이나 정도가 아주 지나친 상태를 말합니다.

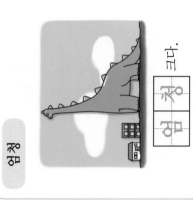

문장의 쓰임 중 '어떻게 어떠하다.'나 '어떻게 어찌하다.'에서 '어떻게'에 해당하는 부분에 꾸며 주는 말을 씁니다. 꾸며 주는 말은 뒤에 많이 오는 '어찌하다'나 '어떠하다'의 뜻을 좀 더 자세하게 해 줍니다.

그림에 어울리는 낱말을 보기 에서 찾아 써 보세요.

보기 높이 함께 엄청 멀리

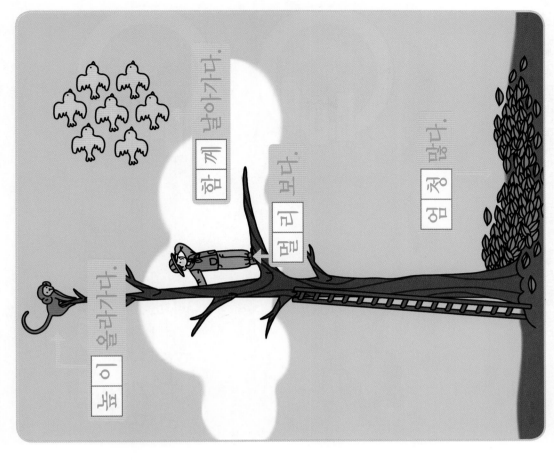

높이 올라가다.

함께 날아가다.

멀리 보다.

엄청 많다.

그림에 어울리는 낱말을 보기 에서 찾아 써 보세요.

또박또박 쓴 글자를 따라 써 보세요.

보기 힘껏 거꾸로 몽땅 함껏

활짝 웃다.

거꾸로 매달리다.

몽땅 먹다.

힘껏 당기다.

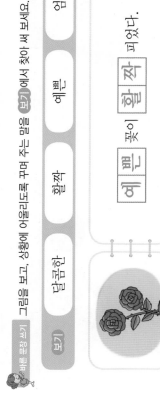

참 잘했어요

활쏘기

사자와 호랑이가 활쏘기를 합니다. 맞게 쓴 낱말에 ○표 하고, 누가 높은 점수를 얻었는지 세 보세요.

힌트: 과녁에 꽂힌 화살에 붙은 낱말이 맞는 것만 점수로 계산됩니다.

천천이 중중히 가까이

깨끗히 조용히 쏘쏠이

호 랑 이 가 이겼어요.

해설 | 사자가 쓴 화살에서는 '천천히', '쏠쏠이'가 바르게 쓴 낱말입니다. 호랑이가 쓴 화살에서는 '깨끗이', '조용히'가 바르게 쓴 낱말입니다. 사자는 6점, 호랑이는 10점입니다.

1단계 3주차 – 참 잘했어요 81

아하! 알았어요

받아쓰기

받아쓰기가 틀린 것을 바르게 고쳐 써서 100점짜리 답안지를 만들어 주세요.

보기

1. 열심이 만든다. → ① 열심히 만든다.

시험지 채점하기 / 100점 만들기

1. 따뜻이 입다. → ① 따뜻이 입다.
2. 깨끗히 씻다. → ② 깨끗이 씻다.
3. 눈병이 낳다. → ③ 눈병이 낫다. / 눈병이 났다.
4. 우산을 펴다. → ④ 우산을 펴다.
5. 팔을 다치다. → ⑤ 팔을 다치다.

해설 | '깨끗이'가 바른 표기입니다. '낳다'는 '새끼나 알을 몸 밖으로 내놓다'라는 뜻입니다.

바른 문장 쓰기

그림을 보고, 상황에 어울리도록 꾸며 주는 말을 보기 에서 찾아 써 보세요.

보기

달콤한 활짝 예쁜 엄청

예 쁜 꽃이 활 짝 피었다.

해설 | 어떤 꽃이 어떻게 피었는지를 꾸며 주는 말을 찾아봅니다.

달 콤 한 과자가 엄 청 맛있다.

해설 | 어떤 과자가 어떻게 맛있는지를 꾸며 주는 말을 찾아봅니다.

80 1단계 3주차

36 정답과 해설

1단계

쓰기가
문해력
이다

4주차 정답과 해설

◎ 축구를 하다. ✕ 축꾸를 하다.

축 구 를 하 다 .

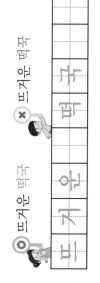
◎ 치과에 오다. ✕ 치꽈에 오다.

치 과 에 오 다 .

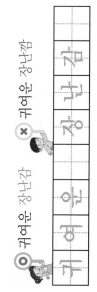
◎ 국수가 길다. ✕ 국쑤가 길다.

국 수 가 길 다 .

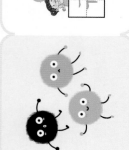
◎ 책상이 크다. ✕ 책쌍이 크다.

책 상 이 크 다 .

글자와 다르게 소리 나는 낱말 쓰기 1

4주차 1회

이렇게 써요

★ 올바르게 쓴 글자를 따라 써 보세요.

글자와 다르게 소리 나는 낱말을 잘 보고 바르게 따라 써 봅니다.

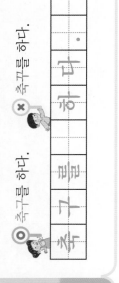
◎ 귀여운 장난감 ✕ 귀여운 장난깜

귀 여 운 장 난 감

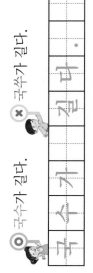
◎ 뜨거운 떡국 ✕ 뜨거운 떡꾹

뜨 거 운 떡 국

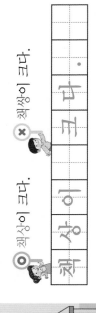
◎ 동그란 김밥 ✕ 동그란 김빱

동 그 란 김 밥

글자와 소리가 다른 말은 '국쑤', '물뼝'처럼 소리 나는 대로 쓰면 전하려는 뜻을 정확하게 전하기 어렵고, 읽는 사람이 글을 이해하기 어려우므로 글자를 바르게 써야 합니다.

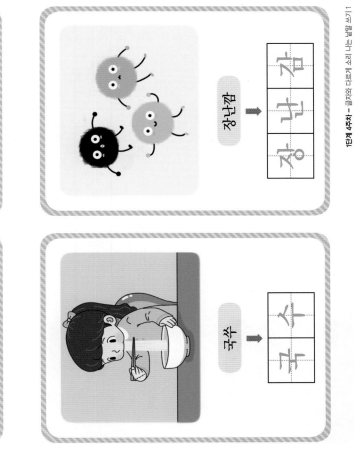

낱말카드에 쓰인 낱말을 바르게 고쳐 써 보세요.

떡묵 → 떡국

장난깜 → 장난감

책쌍 → 책상

국쑤 → 국수

흐리게 쓴 글자를 따라 써 보세요.

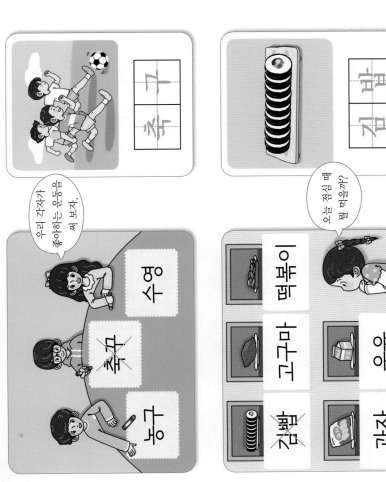

축구

김밥

치과

이렇게 써 봐요

글자를 틀리게 쓴 친구를 찾아 ✕표 하고, 바르게 고쳐 써 보세요.

우리 각자가 좋아하는 운동을 써 보자.

수영 죽구 농구

오늘 점심 때 뭘 먹을까?

떡볶이 고구마 김뱀

우유 과자

이가 아파요. 어디로 들어가야 하죠?

마트 치과 공원

글자와 다르게 소리 나는 낱말 쓰기 2

4주차
2회

이렇게 쓸까요

글자와 다르게 소리 나는 낱말을 잘 보고 바르게 따라 써 봅니다.

✏ 흐리게 쓴 글자를 따라 써 보세요.

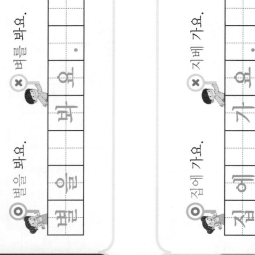
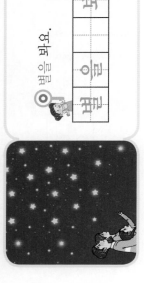

○ 땀이 나요.
땀 이 나 요 .
✕ 땀을 나요.
나 요 .

Tip '땀이', '땀을'처럼 '땀' 뒤에 모음자가 오면 받침('ㅁ')이 뒤로 넘어가 소리 납니다.

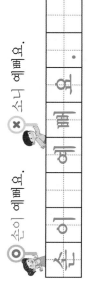

○ 춤을 춰요.
춤 을 춰 요 .
✕ 춤을 춰요.
춰 요 .

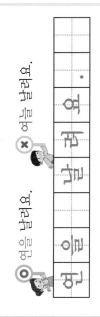

○ 북을 쳐요.
북 을 쳐 요 .
✕ 북을 쳐요.
쳐 요 .

'춤만 추다.', '춤도 추다.'처럼 '춤' 뒤에 자음자가 올 때는 글자와 소리가 같습니다.

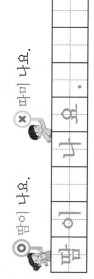

○ 별을 봐요.
별 을 봐 요 .
✕ 벼를 봐요.
봐 요 .

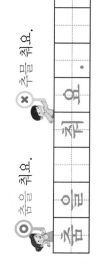

○ 집에 가요.
집 에 가 요 .
✕ 지베 가요.
가 요 .

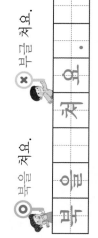

○ 손이 예뻐요.
손 이 예 뻐 요 .
✕ 소니 예뻐요.
예 뻐 요 .

○ 연을 날려요.
연 을 날 려 요 .
✕ 여늘 날려요.
날 려 요 .

그림을 보고, 상황에 어울리는 말을 말을 〈보기〉에서 찾아 써 보세요.

<보기>
연이
춤을
북을
별이

연이 날아가요.

별이 빛나요.

춤을 춰요.

북을 쳐요.

이어서 써 보기

바르게 고쳐 쓴 문장을 써 보세요.

● 흐리게 쓴 글자를 따라 써 보세요.

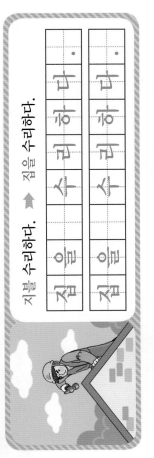

집을 수리하다. ⬆ 집을 수리하다.

| 집 | 을 | 수 | 리 | 하 | 다 | . |
| 집 | 을 | 수 | 리 | 하 | 다 | . |

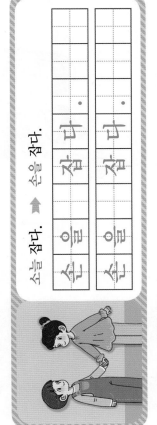

손을 잡다. ⬆ 손을 잡다.

| 손 | 을 | 잡 | 다 | . |
| 손 | 을 | 잡 | 다 | . |

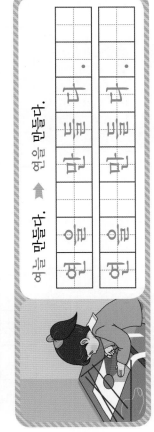

연을 만들다. ⬆ 연을 만들다.

| 연 | 을 | 만 | 들 | 다 | . |
| 연 | 을 | 만 | 들 | 다 | . |

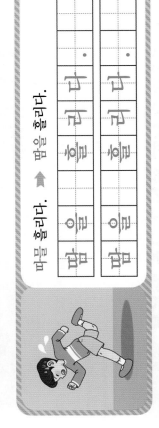

맘을 흘리다. ⬆ 맘을 흘리다.

| 맘 | 을 | 흘 | 리 | 다 | . |
| 맘 | 을 | 흘 | 리 | 다 | . |

축하해.

| 축 | 하 | 해 | . |

내일 보자.

| 내 | 일 | 보 | 자 | . |

잘 자.

| 잘 | 자 | . |

괜찮아?

| 괜 | 찮 | 아 | ? |

Tip 괜찮니?도 알맞은 인사말입니다.

다녀올게.

| 다 | 녀 | 올 | 게 | . |

잘 지내.

| 잘 | 지 | 내 | . |

3회

4주차

상황에 맞는 인사말 쓰기

흐리게 쓴 글자를 따라 써 보세요.

어떻게 쓸까요

상황에 맞는 인사말을 잘 보고 따라 써 봅니다.

반가워.

| 반 | 가 | 워 | . |

인녕.

| 인 | 녕 | . |

미안해.

| 미 | 안 | 해 | . |

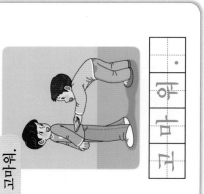

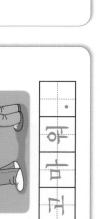

고마워.

| 고 | 마 | 워 | . |

인사말을 할 때에는 어떤 상황인지 살펴본 뒤 진심을 담아 고운 말로 인사하고, 인사말에 어울리는 표정과 목소리로 말하면 마음을 더 잘 표현할 수 있습니다.

이야기나라

그림을 보고, 상황에 어울리는 인사말을 보기 에서 찾아 써 보세요.

보기 내일 보자. 반가워. 잘 자. 괜찮니?

반가워.

내일 보자.

괜찮니?

잘 자.

또박또박 쓰기

그림을 보고, 상황에 어울리는 인사말을 보기 에서 찾아 써 보세요.

보기 축하해. 미안해. 고마워.

● 바르게 쓴 글자를 따라 써 보세요.

우리 같이 먹자.
고마워.

나 오늘 반장으로 뽑혔어.
축하해.

아야!
미안해.

상황에 맞는 높임말 쓰기

어떻게 쓸까요

상황에 맞는 높임말을 잘 보고 따라 써 봅니다.

★ 초록색으로 쓴 글자를 따라 써 보세요.

안녕하세요?

| 안 | 녕 | 하 | 세 | 요 | ? |

Tip 친구끼리는 '안녕?'이라는 표현을 씁니다.

안녕히 계세요.

| 안 | 녕 | 히 | 계 | 세 | 요 | . |

Tip 친구끼리는 '잘 있어.'라는 표현을 씁니다.

다녀오겠습니다.

| 다 | 녀 | 오 | 겠 | 습 | 니 | 다 | . |

다녀왔습니다.

| 다 | 녀 | 왔 | 습 | 니 | 다 | . |

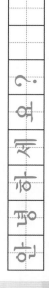

안녕히 주무세요.

| 안 | 녕 | 히 | 주 | 무 | 세 | 요 | . |

Tip 어른이 아이에게는 '잘 자라.', '잘 자.'라는 표현을 씁니다.

잘 먹겠습니다.

| 잘 | 먹 | 겠 | 습 | 니 | 다 | . |

Tip 높임말에는 ~습니다를 붙여 씁니다.

잘 먹었습니다.

| 잘 | 먹 | 었 | 습 | 니 | 다 | . |

Tip 높임말에는 ~습니다를 붙여 씁니다.

감사합니다.

| 감 | 사 | 합 | 니 | 다 | . |

Tip 친구끼리는 '고마워.'라는 표현을 씁니다.

죄송합니다.

| 죄 | 송 | 합 | 니 | 다 | . |

Tip 친구끼리는 '미안해.'라는 표현을 씁니다.

그림을 보고, 상황에 어울리는 높임말을 보기에서 찾아 써 보세요.

보기
죄송합니다. 안녕하세요? 감사합니다.

고마워. → 감 사 합 니 다 .

미안해. → 죄 송 합 니 다 .

안녕? → 안 녕 하 세 요 ?

오늘부터 나는

그림을 보고, 상황에 어울리는 높임말을 보기에서 찾아 써 보세요.

보기
다녀오겠습니다. 잘 먹겠습니다. 안녕히 주무세요.

◆ 흐리게 쓴 글자를 따라 써 보세요.

잘 다녀와. 다녀오겠습니다.

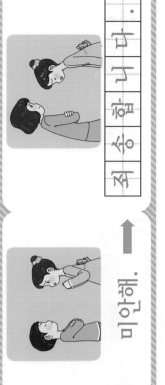

저녁 먹자. 잘 먹겠습니다.

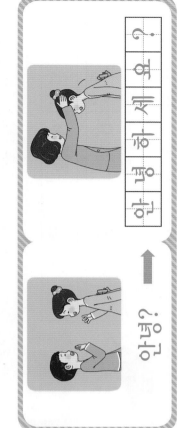

잘 자라. 안녕히 주무세요.

문장 부호를 잘 보고 문장을 따라 써 봅니다.

숙제를 해요.

숙	제	를	해	요	.	
숙	제	를	해	요	.	

아빠, 사랑해요.

아	빠	,	사	랑	해	요 .
아	빠	,	사	랑	해	요 .

안아 줄까?

안	아	줄	까	?		
안	아	줄	까	?		

너무 멋지다!

너	무	멋	지	다	!	
너	무	멋	지	다	!	

문장 부호의 이름과 쓰임 알고 쓰기

어떻게 쓸까요

문장 부호의 쓰임을 배워 봅니다.

물음표 ?
묻는 문장의 끝에 씁니다.

물	음	표

Tip 읽어요?
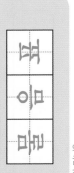

느낌표 !
느낌을 나타내는 문장의 끝에 씁니다.

느	낌	표

Tip 멋있어요!

마침표 .
설명하는 문장의 끝에 씁니다.

마	침	표

Tip 먹어요.

쉼표 ,
부르는 말이나 대답하는 말 뒤에 씁니다.

쉼	표

Tip 안녕, 반가워?

'밥 먹어.'와 '밥 먹어?'처럼 같은 낱말이 쓰였어도 어떤 문장 부호를 쓰느냐에 따라 문장의 뜻이 바뀌고, 읽는 방법도 달라집니다.

바르게 쓴 글자를 따라 써 보세요.

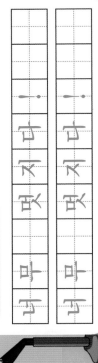

문장에 들어갈 문장 부호를 〈보기〉에서 찾아 써 보세요.

〈보기〉 ! ? . ·

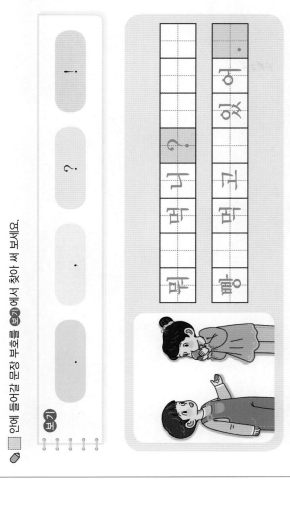

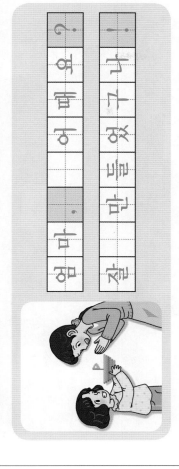

이름 써 보기

흐리게 쓴 글자를 따라 써 보세요.

물음표 · 마침표 , 느낌표 ? 쉼표 !

문장에 들어갈 문장 부호와 이름을 선으로 연결하고 따라 써 보세요.

나는 학생이야.

너는 참 멋지구나

학교에 갔니

응 학교에 갔어.

두더지 잡기

당근 밭을 망가뜨린 두더지를 잡으려고 합니다. 잡아야 하는 두더지에 ○표 하세요.

힌트: 틀린 낱말이 쓰인 옷을 입고 있는 두더지를 잡으면 됩니다.

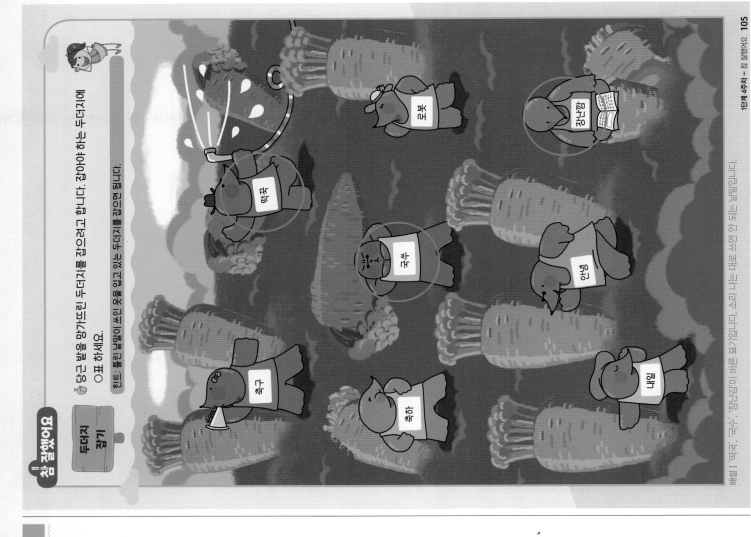

해설 | '떡국', '국수', '장난감'이 바른 표기입니다. 소리 나는 대로 쓴 잘못된 낱말을 찾는 놀이입니다.

아하! 알았어요

받아쓰기

받아쓰기가 틀린 것을 바르게 고쳐 써서 100점짜리 답안지를 만들어 주세요.

보기

X 책상이 크다. → ① 책상이 크다.

스스로 채점하기

1. 다녀올께.
2. 손이 예뻐요.
3. 잠이 오다.
4. 다녀왔씁니다.
5. 숙제를 해요.

100점 만들기

① 책상이 크다.
1. 다녀올게.
2. 손이 예뻐요.
3. 잠이 오다.
4. 다녀왔습니다.
5. 숙제를 해요.

해설 | '다녀올게', '다녀왔습니다'가 바른 표기입니다.

바른 문장 쓰기

그림을 보고, 상황에 어울리는 낱말을 빈칸에 써 보세요.

무엇을 먹고 있습니까?
뜨거운 떡 국 을 먹고 있어요.

무엇을 먹고 있습니까?
맛있는 국 수 를 먹고 있어요.

무엇을 먹고 있습니까?
둥그런 김 밥 을 먹고 있어요.

해설 | '떡국', '국수', '김밥'은 글자와 소리가 다른 낱말들입니다.

정답과 해설

무엇을 쓸까요 ❓	학습 계획일에 맞춰 꾸준히 글쓰기를 했나요 ❓	스스로 칭찬하는 말, 격려의 말 한마디를 써 봅니다 ❗

월 일 — **1회** '이'와 '히'가 헷갈리는 낱말 쓰기
- 어떻게 쓸까요 ☺◯ ☹◯
- 이렇게 써 봐요 ☺◯ ☹◯

월 일 — **2회** 쓰임이 헷갈리는 낱말 쓰기 1
- 어떻게 쓸까요 ☺◯ ☹◯
- 이렇게 써 봐요 ☺◯ ☹◯

월 일 — **3회** 쓰임이 헷갈리는 낱말 쓰기 2
- 어떻게 쓸까요 ☺◯ ☹◯
- 이렇게 써 봐요 ☺◯ ☹◯

월 일 — **4회** 꾸며 주는 낱말 쓰기 1
- 어떻게 쓸까요 ☺◯ ☹◯
- 이렇게 써 봐요 ☺◯ ☹◯

월 일 — **5회** 꾸며 주는 낱말 쓰기 2
- 어떻게 쓸까요 ☺◯ ☹◯
- 이렇게 써 봐요 ☺◯ ☹◯

아하~ 알았어요! ☺ 예 ☹ 아니요   참~ 잘했어요! ☺ 예 ☹ 아니요

무엇을 쓸까요 ❓	학습 계획일에 맞춰 꾸준히 글쓰기를 했나요 ❓	스스로 칭찬하는 말, 격려의 말 한마디를 써 봅니다 ❗

월 일 — **1회** 글자와 다르게 소리 나는 낱말 쓰기 1
- 어떻게 쓸까요 ☺◯ ☹◯
- 이렇게 써 봐요 ☺◯ ☹◯

월 일 — **2회** 글자와 다르게 소리 나는 낱말 쓰기 2
- 어떻게 쓸까요 ☺◯ ☹◯
- 이렇게 써 봐요 ☺◯ ☹◯

월 일 — **3회** 상황에 맞는 인사말 쓰기
- 어떻게 쓸까요 ☺◯ ☹◯
- 이렇게 써 봐요 ☺◯ ☹◯

월 일 — **4회** 상황에 맞는 높임말 쓰기
- 어떻게 쓸까요 ☺◯ ☹◯
- 이렇게 써 봐요 ☺◯ ☹◯

월 일 — **5회** 문장 부호의 이름과 쓰임 알고 쓰기
- 어떻게 쓸까요 ☺◯ ☹◯
- 이렇게 써 봐요 ☺◯ ☹◯

아하~ 알았어요! ☺ 예 ☹ 아니요   참~ 잘했어요! ☺ 예 ☹ 아니요

3 주차 헷갈리는 낱말과 꾸며 주는 낱말

아이들이 서로서로 놀이 방법을 가르쳐 주는
모습이 참 보기 좋네요.
헷갈리는 말이 있다면 상황에 맞게 바르게 말해야
말뜻도 잘 알아듣는 거겠죠?
쓰임이 헷갈리는 말을 알아볼까요?

1회 '이'와 '히'가 헷갈리는 낱말 쓰기
'가까이, 깨끗이'와 '천천히, 조용히'처럼 '이'와 '히'를
구별해서 바르게 써야 하는 낱말이 있어요.

2회 쓰임이 헷갈리는 낱말 쓰기 1
'집을 짓다', '개가 짖다'처럼 상황에 맞게 뜻을 잘 구
별해서 써야 하는 낱말이 있어요.

3회 쓰임이 헷갈리는 낱말 쓰기 2
'우리는 다르다', '계산이 틀리다'처럼 상황에 맞게 뜻
을 잘 구별해서 써야 하는 낱말이 있어요.

4회 꾸며 주는 낱말 쓰기 1
'귀여운 토끼', '시원한 바람'처럼 뒤에 오는 대상의
상태나 모양을 꾸며 주는 낱말이 있어요.

5회 꾸며 주는 낱말 쓰기 2
'몹시 춥다', 높이 날다'처럼 뒤에 오는 낱말의 상태나
동작을 꾸며 주는 낱말이 있어요.

4 주차 바르게 써야 하는 낱말

아하! 로봇 친구가 먹을 것을 준비하려고 먹고 싶은
음식이 뭐냐고 물었군요. 꼬마 박사님은 글자와 다
르게 소리 나는 낱말과 문장 부호등을 알려 줘서 로
봇 친구와 더 친해지고 싶어 하나 봐요!

1회 글자와 다르게 소리 나는 낱말 쓰기 1
'김밥'이라고 쓰고 소리 내서 읽어 보면 [김빱]이라고
소리 나요. 이처럼 글자와 다르게 소리 나는 낱말이
있어요.

2회 글자와 다르게 소리 나는 낱말 쓰기 2
'땀이 나요.'라고 쓰고 소리 내서 읽어 보면 [따미나
요] 이처럼 글자와 다르게 소리 날 때가 있어요.

3회 상황에 맞는 인사말 쓰기
'안녕?', '미안해.', '축하해.'처럼 상황에 따라 해야 하
는 인사말이 달라요.

4회 상황에 맞는 높임말 쓰기
'죄송합니다.', '안녕히 주무셨어요?'처럼 어른에게는
높임말을 써야 해요.

5회 문장 부호의 이름과 쓰임 알고 쓰기
'밥 먹어.'와 '밥 먹니?'처럼 문장의 종류에 따라 문장
부호가 달라져요. 설명하는 문장인지 묻는 문장인지
구분해서 써야 해요.